CB054258

FICHA CATALOGRÁFICA

(Preparada na Editora)

L68i   Liesenberg, David Conrado,
        O imortal Cairbar Schutel. Livro-reportagem sobre a vida e a obra de Cairbar Schutel. Araras, SP, IDE, 1ª edição, 2018.

240 p.

ISBN 978-85-7341-730-2

1. Biografia 2. Espiritualidade / Espiritismo 3. Matão/SP, 4. Revista Internacional de Espiritismo 5. Jornal O Clarim I. Título.

CDD -922.89
-133.9
-133.901 3

Índices para catálogo sistemático

1. Brasil: Espíritas: Biografia: 922.89
2. Espiritismo 133.9
3. Vida depois da morte: Espiritismo 133.901 3

IMORTAL

Cairbar Schutel

ISBN 978-85-7341-730-2

1ª edição - julho/2018

Copyright © 2018,
Instituto de Difusão Espírita - IDE

Conselho Editorial:
Doralice Scanavini Volk
Wilson Frungilo Júnior

Coordenação geral:
Jairo Lorenzetti

Revisão de texto:
Mariana Frungilo Paraluppi

Capa:
César França de Oliveira

Foto do autor:
Patrícia Conde

Diagramação:
Maria Isabel Estéfano Rissi

INSTITUTO DE DIFUSÃO ESPÍRITA - IDE
Av. Otto Barreto, 1067 - Cx. Postal 110
CEP 13600-970 - Araras/SP - Brasil
Fone (19) 3543-2400
CNPJ 44.220.101/0001-43
Inscrição Estadual 182.010.405.118
www.ideeditora.com.br
editorial@ideeditora.com.br

Todos os direitos reservados. Nenhuma parte desta publicação pode ser reproduzida, armazenada ou transmitida, total ou parcialmente, por quaisquer métodos ou processos, sem autorização do detentor do copyright.

DAVID LIESENBERG

"Vivi, vivo e viverei porque sou imortal"

O IMORTAL

Cairbar Schutel

ide

Para Conrado, Ignez, Clélio,

Reynaldo e Nestor,

imortais em minha vida!

Sumário

Capítulo 1

A caminho da nova vida

Na última vintena do século XIX, o Brasil era um país tipicamente agrário, com uma população de menos de 15 milhões de habitantes[1].

Em São Paulo, as fazendas de café se multiplicavam desde os anos 1850. Os preços pagos pelos estrangeiros valiam o investimento. A escravidão estava em vias de ser abolida – a Lei Áurea foi assinada em 13 de maio de 1888 – e o interior paulista passaria pela mudança gradativa da mão de obra escrava e dos alforriados para a mão de obra dos imigrantes, em sua maioria europeus oriundos predominantemente da Itália.

O percurso traçado pelos bandeirantes, em busca de ouro (garimpo), na região de Mato Grosso, abriu espaços pelo interior paulista. Pelos seus caminhos, foram surgindo as cidades, e, nesse rastro, desenhando-se as estradas de ferro, graças aos incentivos governamentais e ao dinheiro dos coronéis do café. O transporte feito em lombo de mulas custava, pois, aproximadamente seis vezes mais que o transporte ferroviário. Por ou-

[1] IBGE. *População presente, por sexo – 1872-1920*. Disponível em: <www.ibge.gov.br/home/estatistica/populacao/censohistorico/1872_1920.shtm>. Acesso em: 15 mar. 2018.

tro lado, os trens a vapor correspondiam a uma das melhores opções de viagens. Em meados dos anos 1880, a malha viária brasileira era de 6.116 km.

Nesse contexto, o jovem Cairbar viajou rumo ao seu novo destino. Saindo do Rio de Janeiro, foi até São Paulo e, dali, tomou outro trem rumo ao interior do estado.

A fumaça sinalizava a partida. A locomotiva iniciou o movimento, lentamente. Ferros torcendo, som dos vapores exalados pela pressão da caldeira. O ritmo aumentava, a composição deslizava pelos trilhos com uma toada típica e compassada, como se fosse uma orquestra sinfônica iniciando um concerto. Soou o apito, avançando...

Acomodado em um dos vagões, olhando através da janela, Cairbar observava a paisagem. Pensativo, seu olhar captava o próprio reflexo no vidro da janela. Na visão quase transparente de si mesmo, percebia os próprios traços. O olhar vivo dos homens de gênio, o bigode e o diminuto cavanhaque. As ideias passavam a viajar não mais no sentido do trem, mas no de um passado não muito distante.

Trem a vapor – Estrada de Ferro Araraquara
(Acervo Museu da Imagem e do Som de Araraquara)

Envolto nos próprios pensamentos, aquele reflexo na janela já não era do jovem Cairbar. Via-se menino, em plena sala de aula, com bigodes e cavanhaques feitos de algodão em pasta. Fincando os queixos às mãos em forquilhas, com expressão séria, fingia estar muito atento à aula. Esta era uma de suas travessuras preferidas. Os colegas de classe acompanhavam, hilários, os gestos traquinas, até que o professor acabava com a panca do pretenso bigodudo, levando-o para a secretaria, onde receberia o justo corretivo. Iniciando no colégio, as reprimendas prosseguiam, terminando somente na casa do avô Henrique Schutel. Nesse instante, o sorriso do sonhador viajante se interrompeu com as memórias daquele período.

Lá fora, o verde predominava. Algumas fazendas com criações denotavam a passagem por pequenos povoados, cujas construções mais destacadas eram as torres de capelas ou igrejas. Algumas estações jaziam solitárias sem qualquer sinal de vida ou desenvolvimento local.

Os pensamentos voltaram.

Embora demonstrasse vivacidade e inteligência, Schutel nunca fora um bom aluno. O período de estudos no Imperial Colégio D. Pedro II foi de intenso aprendizado de disciplinas, mas também de vida. "Que fase terrível foi essa", pensou consigo mesmo.

As aulas de francês, ministradas pelo próprio avô dentro de casa, eram muito mais interessantes. Cairbar não queria ir à escola. Que saudade sentia dos pais! "Por que foram embora tão cedo?", indagava-se. "Como minha mãe era linda", dizia, intimamente, como se a estivesse vendo dentro do pensamento. Imaginava-se ao seu lado, ajoelhado defronte ao oratório, no lar aconchegante, em prece.

O apito do trem trouxe-o de volta ao assento. A viagem prosseguia. Agora em velocidade considerável, a composição atravessava vasta região de cafezais entremeada por áreas densas de vegetação.

Voltando a memorizar o passado recente, recordava-se do primeiro emprego. Já que não queria estudar, também não queria ser um peso na vida de alguém. Resolveu, então, procurar um trabalho. Por intermédio do avô, empregou-se numa farmácia na Rua 1º de Março, no centro do Rio de Janeiro, como aprendiz[2].

Manipular medicamentos era algo de que Cairbar realmente gostava. Em pouco tempo, tornou-se um especialista no aviamento de receitas.

O viajante ali adormece. O ruído da locomotiva já soava como cantiga de ninar.

Em fins do século XIX, o Rio de Janeiro tinha menos de um milhão de habitantes. Era uma cidade envolvente por suas diversões e vida noturna. As praias praticamente não eram frequentadas, poucos sabiam nadar. Os banhos de mar eram medicinais.

Embalado pelo sono e balanço do trem, Cairbar viajava pelos dias de sua juventude. Muito trabalho, mas a vontade de aprender e se aplicar na profissão superavam o cansaço. À noite, para compensar a fadiga, acompanhava os boêmios seresteiros que invadiam as ruas até o raiar do dia, quando retornava à farmácia sem ter sequer descansado.

---

[2] No livro de Eduardo Carvalho Monteiro e Wilson Garcia, *Cairbar Schutel: o Bandeirante do Espiritismo*, de 1988, da editora O Clarim, há informação sobre o emprego de Cairbar na referida farmácia da Rua 1º de Março. Naquela rua, existia a Farmácia Granado, que, inclusive, teve espaço de publicidade em edições do jornal *O Clarim*.

E o carnaval? Ah... o carnaval...

As imagens das folias carnavalescas adentravam em seu sonho no ritmo do balanço do trem. Estava no *Clube dos Tenentes do Diabo*, onde era sócio.

As sociedades carnavalescas que tomavam as ruas do centro do Rio, em meados do século XIX, esbanjavam luxo e criatividade em seus carros alegóricos, que teriam sido inspirações dos atuais carros das escolas de samba. Essas sociedades também exerciam papel político e filantrópico. Ainda na época da escravatura, arrecadavam dinheiro para comprar pessoas escravizadas, libertando-as. Os recém-alforriados levavam as alegrias da liberdade para os desfiles, incentivando o movimento abolicionista. Não bastasse isso, as sociedades carnavalescas também se engajavam em outras causas, como a luta republicana e a defesa do direito ao voto das mulheres.

Como amante da folia, Cairbar intimamente já estava assimilando os valores da beneficência, que levaria para o resto de sua vida.

A lembrança do avô ainda era latente. Nesse momento, uma grande emoção invadiu o seu íntimo. O velho e querido cuidador, o melhor professor de francês, não teria mais condições de assisti-lo. O que fazer então no Rio de Janeiro? Não havia mais motivos para viver ali...

O trem apitou, e Cairbar despertou exatamente no destino que havia escolhido: Araraquara.

A viagem do Rio de Janeiro para o interior paulista, realizada a partir do final do ano de 1885 (não há uma data precisa), marcou uma mudança expressiva na vida do nosso biografado. Iniciava ali o que poderíamos considerar uma verdadeira missão espiritual, aquelas que somente Espíritos de alta envergadura conseguem realizar.

Esta história vale como exemplo de vida, para espíritas e não espíritas.

De onde, afinal, teria surgido o nome Cairbar?

O nome Cairbar é encontrado nos poemas épicos escritos no século XVIII pelo poeta escocês James Macpherson (1736-1796).

Haveria muito o que falar sobre a obra de Macpherson – *Os poemas de Ossian* –, mas o que se deve destacar é que se trata de uma literatura considerada de primeira grandeza no pré-romantismo europeu. Pelos idos de 1760, o ossianismo – ou seja, o culto ao estilo de Ossian, narrador dos poemas épicos publicados por Macpherson – propagou-se por vários países da Europa: Itália, Alemanha, França, Rússia, Polônia, Espanha, Holanda, Suécia e outros. Atraiu grandes nomes da França, como Madame de Staël, Napoleão Bonaparte, Chateaubriand e, também, personalidades de outros países. Literatura, música, e outros gêneros de arte, possuem vários sinais da influência dos poemas de Ossian no mundo.

O estilo de Ossian acabou chegando ao Brasil no século XIX, pela forte influência da cultura francesa. Autores brasileiros românticos, como Álvares de Azevedo, Castro Alves, Gonçalves Dias e José de Alencar, incluíram em suas obras as brumas e o primitivismo característicos do ossianismo.

Nesses poemas, aparece a figura do guerreiro celta Cairbar. *Cairbar or Cairbre, signifies a strong man*[3]. No Dicionário

---

[3] Cairbar ou Cairbre significa um homem forte, de acordo com a nota de rodapé do escrito por Macpherson em 1760.

de Mitologia Celta, encontramos novamente o nome Cairbar como: "Personagem [da obra] Ossian, de Macpherson (1760), utilizado em uma série de figuras gaélicas irlandesas e escocesas. [...] Perseguidor de Dar-Thula [...], antagonista de Oscar, filho de Ossian"[4].

Poderíamos considerar suficientes até aqui as afirmações de que o nome do querido biografado foi extraído da poesia épica de Macpherson, mas um detalhe veio reforçar essa ideia: ao pesquisarmos os nomes dos irmãos que Cairbar teve, descendentes consanguíneos dos pais Antero de Souza Schutel e Rita Carolina Tavares Schutel, encontramos o nome Darthula.

Darthula, a primeira irmã de Cairbar, também teve seu nome retirado d'*Os Poemas de Ossian*. Darthula e Cairbar são nomes bastante específicos para atribuirmos somente a uma mera coincidência.

Cairbar, além do nome exótico, leva o sobrenome de duas famílias: "Souza", do avô consanguíneo Francisco Machado de Souza, e "Schutel", do avô de criação Henrique Schutel.

A epopeia de Cairbar de Souza Schutel começa na cidade do Rio de Janeiro (RJ), no dia 22 de setembro de 1868, e segue pelo Estado de São Paulo, onde viveu grande parte de sua existência. Chegou ao município de Matão (SP) no final do século XIX, onde viveu até a sua desencarnação, no dia 30 de janeiro de 1938.

Diferentemente do guerreiro celta, que empunhava a espada e movimentava exércitos, conquistando territórios à custa de derramamento de sangue, o nosso herói Cairbar Schutel empunhou a palavra, escrita e falada, numa existência marca-

---

[4] CAIRBAR. In: DICIONÁRIO DE MITOLOGIA CELTA. Londres: Universidade de Oxford, 2004.

da pela busca da Espiritualidade baseada em Jesus e na divulgação da imortalidade da alma. Ao descobrir a Espiritualidade, Cairbar rompeu com a Igreja Católica Apostólica Romana e passou a questionar o papel do ser humano perante as religiões sistematizadas e o que elas ofereceriam de melhoria para a humanidade. Os rituais e dogmas da Igreja passaram a ser discutidos e questionados nas páginas dos periódicos criados por Cairbar, *O Clarim* e *RIE – Revista Internacional de Espiritismo*, oferecendo o raciocínio do paradigma espiritual. Utilizando-se dos recursos disponíveis à sua época, movimentou exércitos do bem em favor da caridade. Por isso, foi intitulado o "Pai da Pobreza" de Matão.

Nessa busca heroica, não houve derramamento de sangue, mas, sim, muito suor.

É importante entender o contexto em que essa epopeia se desenvolveu, tendo como pano de fundo um Brasil que transitava entre a independência de Portugal, o Imperialismo, uma Igreja Católica influente e o Espiritismo nascente.

Esses ingredientes permitirão melhor entendimento da vida de Cairbar de Souza Schutel.

CAPÍTULO 2

O Brasil do século XIX

No ano do nascimento de Cairbar Schutel (1868), o Brasil vivia sob o regime imperialista. Nessa época, o Rio de Janeiro, cidade onde o nosso biografado nasceu, era a capital do Brasil, condição que perdurou até 21 de abril de 1960.

O século XIX foi o período em que o Brasil amadureceu como nação autônoma. Com a chegada da família real portuguesa, em 1808, começaria uma transição nestas terras, passando da condição de uma grande colônia atrasada para a condição de um grande país, ainda atrasado.

Em 1822, Pedro de Alcântara, mais conhecido como D. Pedro I, proclamava a Independência do Brasil diante do Reino de Portugal. Em 1831, ele entregou a coroa a seu filho de apenas cinco anos, Pedro de Alcântara João Carlos Leopoldo Salvador Bibiano Francisco Xavier de Paula Leocádio Miguel Gabriel Rafael Gonzaga, conhecido simplesmente como D. Pedro II, e retornou para Portugal.

D. Pedro II, um homem que foi preparado para ser rei, tinha espírito progressista e inovador. Os fatos e a história comprovam que ele fez o melhor para transformar o Brasil num país moderno e evoluído. Desde menino, quando foi levado ao trono, venceu os desafios de uma infância solitária e dedicada à aprendizagem. Aos 15 anos, em 18 de julho de 1841, foi coroado rei do Brasil, convivendo desde cedo com as decisões de um chefe de Estado.

Há uma obra considerada um verdadeiro clássico espírita, lançada em 1938, psicografada por Francisco Cândido Xavier, por intermédio do Espírito Humberto de Campos – quando encarnado, considerado um dos maiores literatos que o Brasil já teve. A obra *Brasil, coração do mundo, pátria do Evangelho* revela a função espiritual do Brasil, e ainda a expectativa do Plano Espiritual com relação à sua missão de se tornar a pátria do Evangelho.

Pouco mais de cinquenta anos depois de essa obra ter sido lançada, pelos anos de 1990, um jornal mineiro perguntou a Chico Xavier se, com tanta violência e corrupção em nosso país, os Benfeitores ainda acreditariam que o Brasil pudesse ser o "Coração do Mundo e Pátria do Evangelho".

Chico Xavier, com a costumeira humildade, e inspirado por seu Espírito guia Emmanuel, respondeu:

> Com a incompreensão comandando tantos corações, tantos milhões de pessoas, não pode ser motivo de dúvida para nós que o Brasil é o coração do mundo. A violência que existe no Brasil é a que existe no mundo, mas como povo nós temos sabido honrar a destinação a que fomos chamados. Como povo temos sofrido reviravoltas enormes, inconformações, dilapidações, faltas graves daqueles que foram chamados a dirigir nossos destinos. Mas as nossas

mãos não se sujaram com sangue fraterno. Quantos povos, por muito menos, acharam na rebelião e na indisciplina a porta falsa a que eles se atiraram para encontrarem dificuldades muito maiores. Somos, sim, uma grandeza da Terra em que nós renascemos. Somos filhos do coração do mundo. E o Senhor nos fortalecerá para sermos filhos também da Pátria do Evangelho, quando soar a hora em que formos chamados para a grande renovação[5].

Pois bem, o comentado livro informa que D. Pedro I foi incitado a completar a obra da emancipação política do Brasil, proclamando sua independência em 1822, sob a assistência do Espírito Ismael, que teria sido o escolhido por Jesus para ser o zelador espiritual do Brasil.

Interessante ainda destacar a menção à designação de Jesus, convocando o Espírito Longinus para reencarnar no Brasil para uma grandiosa missão:

> Essa missão, se for bem cumprida por ti, constituirá a tua última romagem pelo planeta escuro da dor e do esquecimento. A tua tarefa será daquelas que requerem o máximo de renúncias e devotamentos. Serás imperador do Brasil, até que ele atinja a sua perfeita maioridade, como nação. Concentrarás o poder e a autoridade para beneficiar a todos os seus filhos[6].

E nas palavras de Humberto de Campos, escritas por Chico Xavier:

---

[5] FEDERAÇÃO ESPÍRITA BRASILEIRA. Brasil, Coração do Mundo e Pátria do Evangelho Resposta de Chico Xavier. Disponível em: <www.febnet.org.br/blog/geral/noticias/brasil-coracao-do-mundo-e-patria-do-evangelho-resposta-de-chico-xavier/>. Acesso em: 25 jan. 2018.

[6] XAVIER, Francisco Cândido (pelo Espírito Humberto de Campos). *Brasil, coração do mundo, pátria do Evangelho*. Rio de Janeiro: FEB Editora, 1938. p. 79.

Longinus preparou a sua volta à Terra, depois de outras existências tecidas de abnegações edificantes em favor da humanidade, e, no dia 2 de dezembro de 1825, no Rio de Janeiro, nascia [...] aquele que seria no Brasil o grande imperador e que, na expressão dos seus próprios adversários, seria o maior de todos os republicanos de sua pátria[7].

Apesar de qualificado para a função, os primeiros anos do reinado de D. Pedro II foram bastante tumultuados. Agitações internas e revoluções regionais abalaram o império e tiveram que ser, reiteradas vezes, sufocadas pelo exército, para que a unidade nacional se mantivesse estável.

Mas não eram somente esses os problemas: não havia transporte, calçamento e iluminação. Higiene também não existia e as epidemias reinavam.

Não bastassem os problemas estruturais, havia no país diferenças sociais extremas. Além da pobreza dominante, a escravidão impunha à raça negra as mais dolorosas torturas. A escravatura seria abolida somente no final do século XIX, pela princesa Isabel, filha de D. Pedro II, já que o imperador estava em viagem pelo exterior. Ao tomar conhecimento da assinatura da Lei Áurea, ocorrida no dia 13 de maio de 1888, D. Pedro II enviou um telegrama para a filha com a seguinte frase: "Abraço a Redentora. Seu pai, Pedro".

Na interpretação de Célia Urquiza de Sá, que escreveu *A Missão do Brasil como Pátria do Evangelho*,

[...] o branco inocente, banido injustamente do seu país,

---

7 Idem. p. 80.

e o negro arrancado à força do seu berço representam os que choram e os que têm fome e sede de justiça; o índio representa os puros de coração. Somos o resultado da união dos injustiçados, dos que choram e dos puros de coração[8].

Com um povo necessitado de justiça, diante de um cenário desafiador de mais de oito milhões de metros quadrados de área territorial, e quase tudo para fazer, não faltavam instrumentos para o imperador cumprir o seu desiderato.

Mas, e a religião? Como poderia ajudar tantas almas sofredoras? Que poder a Igreja poderia usufruir para guiar o seu rebanho?

A primeira constituição imperial brasileira, outorgada em abril de 1824, pouco depois da independência do Brasil e ainda sob o reinado de D. Pedro I, foi considerada uma das mais liberais de seu tempo. Foi uma das poucas constituições que estabeleceu garantias e direitos individuais aos cidadãos.

Lendo a primeira Constituição, é possível conhecer o estreito vínculo da religião com o império: o catolicismo apostólico romano era a religião oficial do Estado.

A Constituição permitia que existissem outras religiões, mas eram restritas aos cultos domésticos. Para dificultar um pouco mais, a Carta Magna ainda proibia a construção de templos com aspecto exterior diferenciado. A Igreja era subordinada ao Estado; ao imperador era facultado o direito ao padroado, que era a atribuição de poderes concedida pelos papas aos reis. Em outras palavras, com o padroado, o rei passava a ser patrono

---

[8] SÁ, Célia Urquiza de. *A Missão do Brasil como Pátria do Evangelho*. João Pessoa: FEPB, 2001. Disponível em: <http://bvespirita.com/A%20Missao%20do%20Brasil%20Como%20Patria%20do%20Evangelho%20(Celia%20Urquiza%20de%20Sa).pdf>. Acesso em: 18 abr. 2018.

e protetor da Igreja, dispondo de obrigações e direitos, como zelar e sustentar a Igreja, arrecadar dízimos e apresentar candidatos aos cargos eclesiásticos, especialmente os bispos, que eram assalariados, assim como os funcionários públicos.

Ainda sob a constituição imperial, até a proclamação da República, as igrejas não celebravam somente missas, batismos, comunhões e matrimônios dentro de seus templos. Como ainda não existia cartório de registro civil, os nascimentos, casamentos e mortes eram registrados exclusivamente nas igrejas, que ainda eram consideradas unidades administrativas. Além dos serviços sacramentais, rezas e bênçãos, as eleições para cargos do governo também eram realizadas dentro das igrejas.

No Brasil do século XIX, eleito pela Espiritualidade como o coração do mundo, além de Cairbar de Souza Schutel, outros Espíritos luminares reencarnariam, trazendo novas ideias e testemunhos de amor.

CAPÍTULO 3

A chegada da terceira revelação

ALGUM TIPO DE FENÔMENO ENVOLVENDO ESPÍRITOS sempre ocorreu, em algum tempo ou em algum lugar. Os relatos não estão somente na boca do povo. A história contém registros de comunicações espirituais na cultura oriental, bem antes da ocidental, desde as mais raras manifestações como as materializações, passando pelas aparições, os sons, os escritos e até a simples percepção, acompanhada ou não de arrepios. Na própria Bíblia, existem passagens que sugerem manifestações espirituais.

Isso para dizer que a comunicação com os Espíritos não começou com o Espiritismo. A Doutrina Espírita apareceu em meados do século XIX trazendo conceitos baseados na ciência, na filosofia, com consequências morais e religiosas.

No ano de 1848, no vilarejo de Hydesville, em Rochester (Estados Unidos), na pequena casa da família de sobrenome Fox, pai, mãe e duas filhas vivenciaram uma situação incomum envolvendo fenômenos espirituais.

Inexplicáveis batidas ouvidas em todos os cantos da casa

incomodavam o sono de todos na residência, até que a pequena Kate Fox iniciou batidas, que foram repetidas por um Espírito, criando um diálogo. Estabeleceu-se um código em que determinadas batidas significariam letras ou sinais.

O acontecimento repercutiu de tal forma, que se espalhou rapidamente pelos Estados Unidos. Iniciaram-se, em todo o país, reuniões com o simples objetivo de se obter comunicação com os Espíritos, visando exclusivamente o entretenimento.

A moda acabou atravessando o Oceano Atlântico, indo parar na Europa.

Paris, ano de 1855. Um distinto pedagogo lionês, na faixa dos cinquenta anos, casado e sem filhos, chamado Hippolyte Léon Denizard Rivail participava, na residência da Sra. Plainemaison, de uma dessas reuniões em que havia experiências espirituais, envolvendo as chamadas "mesas-girantes". Basicamente, as pessoas se sentavam ao redor de uma mesa, e ficavam em absoluto silêncio. Iniciada a sessão, os participantes se concentravam, colocavam as pontas dos dedos na mesa e esperavam. A espera era de alguns segundos, ou minutos, ou ainda poderia não acontecer nada.

As manifestações consistiam em sons de batidas, que pareciam vir de dentro da mesa. O móvel também poderia sair do lugar, para os lados, ou até levitar, sem nenhuma ajuda visível.

O senhor Rivail, incrédulo a princípio, percebeu que havia um princípio inteligente nessas comunicações e passou a estudá-lo com interesse especial. Em pouco tempo, começou a frequentar reuniões em que se adaptava um lápis na ponta de uma cesta (cesta de bico). Por esse processo, a cesta com o lápis se movia, produzindo textos. Não demorou a descoberta de que uma pessoa também poderia simplesmente segurar o lápis e se concentrar para produzir palavras. Esse fenômeno foi denominado psicografia.

Nessas reuniões, o professor Hippolyte acabou entrando em contato com o seu Espírito protetor, que lhe revelou uma existência passada entre os druidas gauleses, na qual teria tido o nome de Allan Kardec. Não somente seu Espírito protetor, mas uma reunião de Espíritos de alta envergadura ainda revelou uma grande responsabilidade entregue em suas mãos: a de trazer ao mundo o que denominaram a terceira revelação.

A primeira revelação teria sido a vinda de Moisés, trazendo aos hebreus a ideia de um Deus único, e a segunda revelação foi a vinda de Jesus, o Cristo, que exemplificou as leis de Deus, oferecendo ao mundo o verdadeiro sentido da religiosidade. Para concluir, a terceira revelação seria o Espiritismo, trazendo os ensinamentos dos Espíritos e consolidando a ideia da divindade, dos valores morais e de Jesus como modelo e guia da humanidade.

Era muita coisa para fazer. O professor assumiu o compromisso naquela altura da vida e não perdeu tempo.

Organizando questões muito bem estruturadas e contando com a ajuda de jovens médiuns, Kardec formulava perguntas aos Espíritos, e estes respondiam, o que resultou numa construção primorosa de conceitos que nunca havia sido feita sobre a Espiritualidade.

Com o pseudônimo Allan Kardec, o professor lionês assinou toda a obra literária que explica as relações entre o mundo físico com o mundo espiritual, estruturada no tripé: ciência, filosofia e religião.

Além dos cinco livros básicos que explicam a Doutrina Espírita, Allan Kardec ainda criou o periódico *Revista Espírita* (*Revue Spirite*, no original, em francês), que não só serviu como divulgador das novas ideias como também criou uma conexão com seguidores interessados na nova Doutrina dentro e fora da Europa. A *Revista Espírita* poderia ser comparada a um laboratório de estudos, consolidando e unindo espíritas de todos os cantos do mundo.

Apesar de o país ainda repercutir o impacto da Revolução Francesa, que preconizava os ideais de liberdade, igualdade e fraternidade, a intolerância religiosa dessa época era muito grande e, aliada à dominação que a Igreja exercia sobre a população, a divulgação se tornou um fardo para o incansável codificador do Espiritismo.

Enfrentando discórdias, incredulidade e incompreensão, Allan Kardec desafiava os seus opositores com doses maciças de racionalidade e coerência.

Com sabedoria, o pedagogo Rivail explicava, reforçando o caráter científico do Espiritismo:

> Todo o mundo, é verdade, não pôde constatar os fatos, porque todo o mundo não se colocou nas condições desejadas para os observar e, para isso, não se armou da paciência e perseverança necessárias. Mas, ocorre aqui como em todas as ciências: o que uns não fazem, outros o fazem: todos os dias, aceita-se o resultado de cálculos astronômicos sem os ter feito.[9]

---

[9] Kardec, Allan. *O que é o Espiritismo. IDE Editora*

Infelizmente, nem todos os fenômenos espirituais produzidos eram verdadeiros. Havia os charlatães, que procuravam tirar vantagem sobre a ignorância de muitos, e isso acabava depondo contra a nova doutrina. A esse respeito, Allan Kardec recomendava bom senso e rigorosidade na interpretação do fenômeno que se estivesse observando.

Em praticamente doze anos de intenso trabalho de divulgação, Allan Kardec encerrou a sua etapa terrena e, aos 64 anos, fez a passagem para o mundo dos Espíritos, que tanto defendeu, no ano de 1869. Seu trabalho deixou sementes que cresceram e frutificaram pelo mundo.

Tendo cumprido o seu desiderato, a obra estava pronta o suficiente para receber o apoio dos novos espíritas que viriam, inclusive, do Brasil.

CAPÍTULO 4

Primeiros passos do Espiritismo no Brasil

A HISTÓRIA OFICIAL DO DESCOBRIMENTO DO BRASIL indica que, na Bahia, chegaram os primeiros europeus. A frota do português Pedro Álvares Cabral aportou em 22 de abril de 1500, onde hoje é a cidade baiana de Porto Seguro.

Curiosamente, o primeiro espírita brasileiro de que se tem registro no Brasil também foi um baiano. O jornalista Luís Olímpio Teles de Menezes, colaborador dos jornais *Diário da Bahia*, *Jornal da Bahia* e *A Época Literária*, era poliglota e interessado nos fenômenos espirituais. Logo que o movimento espírita se iniciou na França, Teles de Menezes passou a se corresponder com espíritas franceses, mantendo contato inclusive com o próprio Allan Kardec. Em 1865, fundou o primeiro grupo espírita brasileiro; e, em 1869, lançou o primeiro jornal espírita denominado *O Écho d'Além-Tumulo*. O periódico continha 56 páginas e chegou a circular no exterior.

Não demorou para a Igreja Católica começar a combater as ideias da nova doutrina no Brasil, emitindo cartas pastorais alertando os fiéis sobre os *Erros perniciosos do Espiritismo*. Alguns religiosos tomaram partido em favor dos ideais católicos e levaram a polêmica para a discussão pública, lançando obras impressas, umas acusando e outras rebatendo as explicações de Teles de Menezes, que não se intimidava em participar.

O jornal *Bahia Ilustrada*, defendendo a posição contra o Espiritismo, chegou a publicar uma charge de Teles de Menezes com asas de morcego e versos como:

> Não creia nessa armadilha,
> que outra coisa não é,
> que dos brancos desta terra
> memorável candomblé[10].

Dá para perceber que os ataques acabavam resvalando até nos umbandistas, que, por praticarem a comunicação com os Espíritos, também recebiam críticas dos materialistas[11] e do clero.

As dificuldades impulsionavam Teles de Menezes a manter firme seus propósitos da divulgação da Doutrina, que, além da ciência, propagava o bem, a caridade e a liberdade de expressão.

Num sinal inequívoco de sua conexão com os ideais da

---

[10] FERNANDES, Magali Oliveira. Vozes do céu os primeiros momentos do impresso kardecista no Brasil. In: CONGRESSO BRASILEIRO DE CIÊNCIAS DA COMUNICAÇÃO, 25., 2002, Salvador. *Anais...* Salvador-BA: Sociedade Brasileira de Estudos Interdisciplinares da Comunicação, 2002. Disponível em: <http://docplayer.com.br/18043526-Vozes-do-ceu-os-primeiros-momentos-do-impresso-kardecista-no--brasil-1-profa-dra-magali-oliveira-fernandes-anhembi-morumbi-sao-paulo-sp.html>. Acesso em: 3 abr. 2018.

[11] Materialismo: tendência, atitude ou doutrina que admite que a matéria – concebida segundo o desenvolvimento paralelo das ciências – ou que as chamadas condições concretas materiais são suficientes para explicar todos os fenômenos que se apresentem à investigação, inclusive os fenômenos mentais, sociais ou históricos.

liberdade, o *O Écho d'Além-Tumulo* destinava parte do que recebia das assinaturas do jornal para comprar cartas de alforria para libertar escravos[12].

Há sinais de que os espíritas colaboraram como puderam para amenizar as dores daqueles que passaram pela dura prova da escravidão. Um nome que vale a pena lembrar é o da senhora Anália Franco Bastos (1853-1919), que, além de professora, era jornalista e poetisa. Coisa rara naquela época era uma mulher se expressar, e Anália Franco foi exceção. Lutou a favor da liberdade da mulher e era aberta às ideias espíritas.

O ÉCHO D'ALÊM-TUMULO

MONITOR

B'O SPIRITISMO 'N-O BRAZIL.

ANNO I   N.º 1   JULHO, 1869

INTRODUCÇÃO.

—

I. Maravilhôso é o phenomeno d'a manifestação d'os Spiritos: e por toda a parte eil-o que surge e vulgarisa-se!

Conhecido dêsde a mais remota antiguidade, se-o-vê hoje, em pleno seculo XIX, renovado, e, pel-a primeira vez, observado 'n-a America Septentrional, 'n-os Estados-Unidos, onde produziu-se por movimentos insolitos de objectos diversos, por barulhos, por pancadas e por embates sobremodo extraordinarios!

D'a America, porém, passa, rapidamente, á Europa, e ahi, principalmente 'n-a França, após um curto periodo de annos, sahe elle d'o dominio d'a curiosidade, e entra 'n-o vasto campo d'a sciencia.

Nôvas idéas, emanadas então de milhares de communicações, obtidas d'as revelações d'os spiritos, que se-manifestam, quer espontaneamente, quer por evocação, dão logar á confecção de uma doutrina, eminentemente philosophica, a qual 'n-o volver de poucos annos tem circulado por toda a terra, e penetrado todas as nações, formando em todas ellas proselytos em numero tão consideravel, que, hoje, contam-se por milhões.

Nenhum homem concebeu a idéa d'o Spiritismo: nenhum homem, portanto, é seo author.

Si os Spiritos se não tivessem manifestado, espontaneamente, certo que não haveria Spiritismo: logo é elle uma questão de facto, e não de opinião; e contra o qual não pódem, por certo, prevalecer as denegações d'a incredulidade.

A rapidez de sua propagação próva, exhuberantemente, que se-tracta de uma grande verdade, que, necessariamente, ha de triumphar de todas as opposições, e de todos os sarcasmos humanos.

1

Acervo BNDigital

Em 1871, o Brasil promulgava a Lei do Ventre Livre. Esse foi um dos primeiros passos em favor da libertação dos escravos. Por intermédio dessa Lei, as crianças que nascessem de mulheres escravizadas já teriam a liberdade garantida, ou seja, nasceriam alforriadas.

Pais escravizados com filhos libertos passaram a ser um problema para os proprietários de escravos. As mulheres escravizadas, impossibilitadas de criarem seus filhos alforriados, eram obrigadas a abandonarem os nascituros à própria sorte.

---

[12] FERNANDES, 2002.

Muitos eram entregues nas Santas Casas de Misericórdia, onde eram colocados na chamada roda dos enjeitados, ou roda dos expostos, que era um mecanismo que ficava embutido numa parede da instituição acolhedora e, por intermédio de uma espécie de tambor com uma portinhola que girava internamente, permitia que o recém-nascido fosse depositado dentro do recipiente, sem que a pessoa que o colocasse fosse reconhecida.

A vocação para cuidar de crianças se manifestou assim que Anália Franco diplomou-se professora, aos 16 anos de idade. No ano seguinte à promulgação da Lei do Ventre Livre, Anália iniciou mobilização em favor dos abandonados.

Utilizando o seu talento de escritora, conquistou apoio para começar a cuidar de crianças naquela condição de penúria. O trabalho abnegado frutificou, e Anália passou a implantar escolas maternais pelo interior do Estado de São Paulo e na Capital paulista. Mas o trabalho não ficou por aí. O balanço de sua obra é impressionante: foram 117 instituições entre São Paulo, Minas Gerais e Rio de Janeiro[13]. Embora se considerasse espírita, o fato de receber crianças de todas as religiões não lhe permitia divulgar abertamente o Espiritismo. Entre as crianças acolhidas, bastava o

> [...] ensino das verdades fundamentais das religiões em geral, como a existência de Deus, a imortalidade da alma e o ensino da mais pura moral, para despertar no coração delas a atividade espiritual no sentido do amor a Deus e ao próximo[14].

A frase de Anália Franco resume o seu lema de amor pela

[13] MONTEIRO, Eduardo Carvalho. *Anália Franco – a grande dama da educação brasileira*. São Paulo: Madras, 2004.

[14] WANTUIL, Zêus. *Grandes Espíritos do Brasil*. Rio de Janeiro: FEB Editora.

criança: "A verdadeira caridade não é acolher o desprotegido, mas promover-lhe a capacidade de se libertar".

Teles de Menezes e Anália Franco são apenas exemplos da qualidade dos espíritas que surgiram no início do Espiritismo no Brasil, conectados aos dilemas sociais e à prática da caridade.

No Rio de Janeiro, Capital do Império, foi onde o Espiritismo realmente começou a florescer.

Não somente a criação de grupos espíritas, como a veiculação de artigos em alguns jornais da Capital, imprimiram um ritmo crescente de interesse do povo: dos pobres, porque recebiam consolo, receitas e curas gratuitas, e dos mais afortunados, pelo aspecto filosófico e científico.

Pessoas valorosas e de mente aberta começaram a ter acesso à nova doutrina. Nomes como Adolfo Bezerra de Menezes Cavalcanti, Joaquim Carlos Travassos, Francisco Leite de Bittencourt Sampaio, Augusto Elias da Silva, Francisco Raimundo Ewerton Quadros, também merecem ser lembrados como personalidades que se destacaram nos primeiros anos do Espiritismo no Brasil.

Pelas mãos desses homens e de outros tantos idealistas que mereceriam biografias individuais, o Espiritismo criou forma.

Dentre os destaques do Espiritismo no Brasil do século XIX, que atravessaram o século XX e permanecem firmes no século XXI, citamos o periódico espírita *Reformador,* criado em 1883, e a Federação Espírita Brasileira, ou simplesmente FEB, fundada em 1884, que é a mais importante organização que representa o Espiritismo no Brasil e no mundo.

Para completar o pano de fundo desta biografia, vamos conhecer a família Schutel...

CAPÍTULO 5

Dr. Henrique Schutel, médico, músico e empreendedor

ERA MEADOS DE 1884, QUANDO UM ACONTECIMENTO abalou passageiros e tripulação do paquete Rio Pardo, embarcação que navegava do sul do Brasil em direção ao Rio de Janeiro. Ninguém imaginava que pudesse ocorrer, justo na primeira classe, episódio tão deplorável. Aquele senhor idoso, de aparência amena e sofisticada, sem maiores explicações, dirigiu-se ao convés e tentou se jogar no mar. Não fosse a destreza de dois homens que o seguraram, o distinto senhor teria colocado fim à própria vida.

Tratava-se de pessoa conhecida de alguns passageiros e da tripulação, afinal, eram frequentes suas viagens entre Rio de Janeiro (RJ) e Desterro (SC), que, no Brasil República, passaria a se chamar Florianópolis.

O suicídio é reprensível de qualquer forma, mas, no caso apresentado, seria muito triste ver aquele homem tão distinto atirar-se de um navio em pleno alto-mar.

Afinal, o protagonista deste episódio era o Doutor Henrique Schutel, avô de Cairbar de Souza Schutel.

Quem foi o avô de Cairbar Schutel?

Henrique Schutel era suíço, formou-se em Medicina, tornou-se cônsul e foi nomeado cavaleiro da Ordem de São Maurício e São Lázaro.

Nascido em 1805, imigrou para o Brasil provavelmente no início dos anos 1830. Viúvo da italiana Camila Strambio Schutel, chegou com o filho pequeno – João Strambio Schutel.

Nessa época, os regentes desejavam intensificar o povoamento do país, dando continuidade à política imigratória iniciada por D. João VI, a partir de 1808, quando abriu os portos às nações amigas.

A demanda de portugueses a caminho do Brasil, iniciada desde o descobrimento, já não era tão expressiva, por isso, passaram a aceitar imigrantes de outros países europeus. A imigração de suíços está entre as primeiras registradas no novo país.

Henrique Schutel estabeleceu-se na cidade de Desterro, Ilha de Santa Catarina, onde foi um dos primeiros colonizadores.

Por intermédio de lei provincial, Dr. Schutel fundou, em 1836, a colônia Nova Itália, posteriormente denominada Dom Affonso, onde conseguiu reunir 200 moradores em dois anos. As terras eram boas, ali cultivavam mandioca e legumes, e ainda criavam gado. Posteriormente, fundou a colônia Leopoldina, mas não obteve êxito em seu povoamento. Com pequeno número de colonos para manter a segurança das terras, Leopoldina foi frequentemente invadida por índios nos períodos de verão[15]. A falta de povoamento ameaçou a posse

---

[15] BRASIL. Ministério do Império. *Relatório da Repartição dos Negócios do*

das terras, porque os colonos tinham prazo para torná-las habitadas e produtivas. Porém, Schutel conseguiu na justiça seu direito de propriedade.

O cuidado e a venda das terras rendeu ao Dr. Schutel um patrimônio considerável, apesar do muito trabalho e das perdas que sofrera. Entretanto, não era só isso que ele fazia. Os jornais *O Despertador, Conciliador Catarinense, A Regeneração, O Americano*, de 1849 até 1880, registraram várias atividades envolvendo os negócios do empreendedor, como despachos de consulado representando Suíça, Itália, Bélgica e Chile, realização de leilões de produtos oriundos de cargas salvas de naufrágios e, ainda, possuidor de profundos conhecimentos de química, com os quais fazia análises diversas, por exemplo, de qualidade da água.

Além de tudo isso, Henrique Schutel também praticava Medicina. Há registros de vários atendimentos, com diversas complexidades, desde um simples diagnóstico de picada de cobra e aplicação de medicação até cirurgias, algumas feitas gratuitamente.

Em 1850, Henrique, com 45 anos, uniu-se em novo matrimônio com a viúva Maria da Glória Teixeira, que, na data do enlace, tinha 31 anos. Do primeiro casamento, com o Major Francisco Machado de Souza, Maria da Glória levou os dois filhos: Antero de Souza e Francisco Damas de Souza, que passaram a adotar o sobrenome Schutel.

Da união de Henrique Schutel com Maria da Glória nasceram Henrique Jacques Schutel e Maria Elisa Schutel.

Antes da união com Maria da Glória, Henrique ainda teve

Império, Ministério do Império (RJ) - 1832 a 1888. Disponível em: <http://bndigital. bn.br/acervo-digital/brasil-ministerio-imperio/720968>. Acesso em: 14 abr. 2018.

outro filho que levou seu sobrenome, Duarte Paranhos Schutel, que exerceu carreira política.

Família grande e rica sugeria uma residência grande e rica. Era um verdadeiro palacete, que recebia a grande família, e também a alta sociedade desterrense, em eventos animados, luxuosos, regados a vinhos e no ritmo do afinadíssimo violino do Dr. Schutel.

Consta no *Novo e Completo Índice Cronológico da História do Brasil*[16] que D. Pedro II, numa de suas primeiras viagens como Imperador, em 1845, com 19 anos, acompanhado de sua esposa Dona Teresa Cristina, com 23 anos, foi conhecer as províncias do sul do país, a bordo da fragata *Constituição*. Passando por Desterro, que já era a capital da Província de Santa Catarina, ali permaneceu por quase um mês. Ali, o jovem Imperador participou de várias atividades. Além das frequentes visitas à Capela de Nossa Senhora do Desterro e de circular pelas ruas e lugarejos da ilha, participava de eventos e homenagens, nos quais concedia o tradicional beija-mão aos seus habitantes. Essa tradição invocava o respeito pela monarquia e a submissão dos súditos, desde o tempo de Dom João VI.

Num desses eventos sociais com a participação de Sua Majestade, "um esplêndido jantar, para o qual tiveram a honra de serem convidadas diversas pessoas das diferentes classes, civil, militar e eclesiástica"[17], encontramos o exímio violinista Henrique Schutel participando da orquestra local. Amante da música e da vida social, eram comuns os relatos sobre a alta sociedade catarinense com a destacada presença do Dr. Schutel.

---

[16] *Chronica Nacional, ou Novo e completo indice chronologico da Historia do Brasil (1842 a 1889)*. Rio de Janeiro: Typ. Universal de Laemmert. s.d. (acervo BNDigital).

[17] Idem. p. 107.

Como seria uma festa em meados do século XIX? Sem raio laser, disc-jóquei (DJ) e música reproduzida em altos decibéis?

Naquela época, não existia energia elétrica, portanto, não existia iluminação especial. A luz provinha de velas e lampiões. Não existiam DJs, nem caixas acústicas. As festas eram animadas, em geral, por instrumentistas, orquestras e cantores. A quantidade de decibéis dependia da potência do dedilhado, do acorde ou da percussão, com o som natural do instrumento musical, e ainda da força dos pulmões dos instrumentistas de sopro ou dos cantores. No século XIX, as pessoas ainda escutavam músicas sem comprometer seus aparelhos auditivos.

O jornal *Correio Mercantil,* de 16 de maio de 1856, fez um relato interessante de uma dessas festas realizadas na casa de Henrique Schutel. A festa era temática e homenageava o presidente da província do Rio Grande do Sul, Jerônimo Francisco Coelho, e o Almirante Jesuíno Lamego da Costa – Barão de Laguna –, que passaram dois dias na cidade.

Mesmo com a vida repleta de compromissos em Santa Catarina, Henrique Schutel ainda viajava com frequência à Corte, no Rio de Janeiro.

Era comum, na época, os jornais registrarem os nomes dos navios mercantes a vapor – conhecidos como paquetes –, suas respectivas origens e destinos, como também os nomes dos passageiros. Com isso, é possível observar consideráveis idas e vindas de Henrique Schutel entre o Rio de Janeiro e Santa Catarina.

Essas viagens eram um sinal de que algo aconteceria em breve: a mudança de residência para a Capital do Brasil.

TRANSCRIÇÕES
A viagem dos Srs Coelho e Lamego

Como por magia, suas espaçosas salas se transformaram em outras tantas praças de armas e câmaras de grandes navios de guerra. A sala principal era brilhantemente iluminada por um grande lustre sui generis, formado por um círculo de espadas e baionetas, cujos bocais serviam de castiçais, tudo seguro em uma caixa de guerra colocada no centro, que por seu turno sustentava uma corneta, que parecia esparzir flores. Pequenos semicírculos de pistolas, fingindo arandelas se reproduziam por todas as paredes com tanta profusão de luzes, que tudo parecia iluminado a gás. O pavilhão do Sr. Lamego tremulava sobre um curioso troféu, formado por um sarilho de lanadas, soquetes, cucharras, sacatrapos e chuços, no qual vimos artística e engenhosamente entrelaçados entre festões de folhas e flores, os mais característicos instrumentos do homem do mar – o oitante, o oculo, a bosina, a ampulheta, a bússola e a âncora. Em cada um dos lados do troféu se erguiam pilhas de balas e pirâmides, e no fundo um círculo de machadinhas trazia à imaginação os terríveis combates de abordagem, em que elas são a arma indispensável. De espaço a espaço bonitos baldes de artilharia de bordo, carregados de flores, simulavam jarros de um gosto inteiramente novo; e a bandeira nacional, entrelaçada com a de várias nações estrangeiras, formavam os vistosos cortinados das janelas e das portas. A música toda marcial, executada por esses imperiais marinheiros de tão gloriosas recordações, essas fardas de marinha sempre tão simpáticas e consideradas em toda a parte do mundo, a vista de todos esses instrumentos nauti-bélicos, e o talvez imaginário cheiro de pólvora e de alcatrão de que parecia tudo impregnado, tornavam a ilusão tão completa, que por vezes nos cremos a bordo de uma nau, que festejava com um baile o combate em que ia a entrar no dia seguinte. Nada diremos sobre a profusão de doces, vinhos, licores e refrescos, que durou toda a noite; não podemos deixar de manifestar o quanto nos penhoraram as urbanas maneiras do Sr. Lamego e mais oficiais da marinha, que com sua costumada gentileza serviam eles mesmos as senhoras as diferentes bandejas de chá e de doces. A população comparecendo pressurosa ao convite do ilustre chefe, tornando assim o seu baile, apesar do mau tempo, um dos mais concorridos que aqui temos presenciado, deu uma prova visível do apreço e simpatia que sempre professou ao seu digno comprovinciano. Ousamos assegurá-lo: os catarinenses lembrar-se-ão sempre com reconhecimento e saudade da noite de 17 de abril.

(Do Mensageiro)

Fonte: O MENSAGEIRO, "Transcripções – A viagem dos Srs. Coelho e Lamego". In: Jornal Correio Mercantil, Rio de Janeiro, 16 maio 1856. p. 2. (versão atualizada) Acervo BNDigital

CAPÍTULO 6

Antero, Rita e Cairbar

PARA ESTABELECER BASES NO RIO DE JANEIRO E AMPLIAR influências na sua área de atuação, no final de 1850, Henrique Schutel encaminhou um requerimento para o Instituto Médico Brasileiro, solicitando ingresso na entidade como membro correspondente. A sessão foi presidida por um nobre médico, Dr. Adolfo Bezerra de Menezes Cavalcanti[18]. Porém, não é possível confirmar o nome de Henrique Schutel na lista de membros correspondentes do instituto[19]. Contudo, existe a certeza de que o futuro neto do Dr. Henrique Schutel seria seguidor incondicional do médico e espírita Bezerra de Menezes.

Em 1858, ano da referida sessão no Instituto Médico Brasileiro, o Espiritismo ainda dava os seus primeiros passos, do outro lado do Oceano Atlântico. Allan Kardec lançara a primeira obra da Codificação Espírita[20] no ano anterior. Bezerra de

[18] *O Correio da Tarde,* Rio de Janeiro, 23 jul. 1858. (acervo BNDigital).

[19] Instituto Médico Brasileiro, que também veio a se chamar Academia Imperial de Medicina, foi fundado em 1828 sob o reinado de D. Pedro I. Em 2018, com o nome de Academia Nacional de Medicina (<www.anm.org.br/>), mantém os nomes dos membros titulares e membros correspondentes desde a sua fundação.

[20] Livros da Codificação Espírita: *O Livro dos Espíritos, Princípios da Doutrina Espírita* (1857); *O Livro dos Médiuns ou Guia dos Médiuns e dos Evocadores* (1861);

Menezes seria um dos seus mais dedicados divulgadores, tendo aderido ao Espiritismo dezessete anos depois, em 1875, quando teve acesso à primeira tradução d'*O Livro dos Espíritos* para o idioma português.

Nos anos 1860, com os grandes lucros do café, o Rio de Janeiro tinha ruas calçadas com paralelepípedos, iluminação a gás e rede de esgoto. O telégrafo, que surgiu no Brasil em 1857, era o mais moderno meio de comunicação a distância e funcionava por intermédio de linhas a cabo, estando em expansão. Os meios de transporte também estavam se transformando, por exemplo, com a invenção dos bondes puxados a burro, na década seguinte[21].

No início dos anos 1860, ainda em Desterro, o enteado do Dr. Schutel, Antero de Souza Schutel, casou-se com Rita Carolina Tavares, e o casal transferiu sua residência para o Rio de Janeiro. Em pouco tempo, teriam um filho com nome de herói de poema épico: Cairbar. Entretanto, isso não seria tarefa fácil. No século XIX, ter uma criança envolvia grandes riscos.

A taxa de mortalidade infantil era muito alta no Brasil, mas também era no resto do mundo. Um interessante artigo publicado no jornal *Diário do Rio de Janeiro* e assinado pelo Dr. Roberto Jorge Haddock Lobo, membro da Academia Imperial de Medicina, afirmava que as estatísticas observadas em outros países sobre a mortalidade infantil demonstravam, "de uma maneira exuberante, que quase geralmente se salva apenas pouco mais de um terço de todas as crianças que nascem"[22].

O Evangelho segundo o Espiritismo (1864); *O Céu e o Inferno ou A Justiça Divina Segundo o Espiritismo* (1865); e *A Gênese, os Milagres e as Predições segundo o Espiritismo* (1868).

[21] ALONSO, Angela. *Joaquim Nabuco, os salões e as ruas*. São Paulo: Companhia das Letras, 2007. (Coleção Perfis Brasileiros).

[22] LOBO, Roberto Jorge Haddock. Necrológio da Cidade do Rio de Janeiro em todo o ano de 1847, *Diário do Rio de Janeiro*, 27 abr. 1848, p. 2-3. (acervo BNDigital)

Outra informação relevante do Dr. Haddock Lobo era que a expectativa de vida na Capital, Rio de Janeiro, não passava dos 40-50 anos.

As causas da alta mortalidade infantil, segundo a Academia Imperial de Medicina, eram "a falta de higiene, sobretudo a ingestão de substâncias alimentares que não estão apropriadas ao estômago e forças digestivas das crianças", "a amamentação mercenária[23] por amas doentes, ou com leite que não convém à idade das crianças que amamentam", "a prática viciosa no tratamento do cordão umbilical", que, por falta de cuidados adequados e higiene, causava o chamado "mal dos sete dias", que começava com uma inflamação do peritônio e, depois, ia para os intestinos. Finalmente, a simples falta de tratamento médico diante de moléstias completava o rol de causas de mortalidade infantil. Junto com as crianças, as mães também corriam grandes riscos envolvendo parto e pós-parto.

Antero e Rita bem que tentaram. Primeiro tiveram Darthula – nome extraído dos Poemas de Ossian, de James Macpherson –, nascida em abril de 1864. Em agosto do ano seguinte nasce Adalgiza. As duas filhinhas, no entanto, partiram cedo. Com pouco mais de um ano e meio de vida, Darthula teve meningite, e faleceu em novembro de 1865. Adalgiza não chegou a completar o primeiro ano de existência terrena. Uma tuberculose mesentérica levou também a segunda filha do casal, em julho de 1866. Ainda como uma pequena chama de esperança, no mês seguinte à morte de Adalgiza – agosto de 1966 –, nasce a terceira filha, Maria, mas a pequena não resistiu ao diagnóstico de catarro sufocante em novembro daquele mesmo ano.

O casal, todavia, não desistiu. Pouco mais de dois anos passados da triste sequência de nascimentos e mortes, em 22

---

[23] Amas de leite que amamentavam mediante pagamento.

de setembro de 1868, a família de Antero e Rita finalmente se iluminou de novo, desta vez com o nascimento de um menino.

Rita Carolina deu à luz a Cairbar de Souza Schutel. Ao contrário das irmãzinhas que o antecederam, e segundo os registros históricos, o menino veio ao mundo para ser imortal no coração de muitos. Mais um membro para somar nas falanges do bem, assessorado pela Espiritualidade. Com o Espírito Ismael à frente, a Pátria do Evangelho recebia mais um trabalhador de sua seara.

Não há detalhes sobre a primeira infância de Cairbar. Sua mãe, Rita, conquistou o título de professora primária e também de diretora de escola, mas não há registros de atuação em instituições de ensino.

A partir de julho de 1870, o nome Antero Schutel começou a aparecer nos jornais, primeiramente como preposto nas atas de reuniões publicadas pelo Tribunal do Comércio e, na medida de sua ascensão, como agente de leilões, agora nos classificados de importantes jornais cariocas, como o *Jornal do Comércio* e a *Gazeta de Notícias*. Chegando aos trinta anos de idade, Antero ia se firmando na profissão, colocando em prática as funções de leiloeiro, decerto assimiladas do seu padrasto Henrique Schutel, que também foi leiloeiro em Santa Catarina.

Naquele Rio de Janeiro oitocentista, Capital do Império, havia muitas idas e vindas de brasileiros e estrangeiros das mais variadas origens. Era comum a frequente compra e venda de uma infinidade de itens daqueles que partiam ou chegavam. Novos ou usados, o papel dos agentes de leilão na intermediação de bens era muito utilizado.

Leiloavam quase tudo: massas falidas, imóveis, terrenos,

animais, madeiras, charutos, vestimentas, joias, tecidos e até escravos.

O leiloeiro era um cargo dependente de nomeação pelo Tribunal do Comércio. Antero recebeu essa nomeação e atuou com relativo sucesso nesse ramo.

Grandes vendas, altas comissões. Antero desenvolveu o lado mais pernicioso daquele que ganha muito dinheiro: vida social desregrada e altas somas de dinheiro utilizadas em cassinos nas noites cariocas. O Cassino Fluminense reunia latifundiários, grandes comerciantes, funcionários da administração imperial, políticos e profissionais liberais. Ali, eram realizados grandes bailes de gala e banquetes, e Antero era assíduo frequentador. Havia também outros clubes que ofereciam entretenimento e diversões, semelhantes aos do Cassino, frequentados pelo leiloeiro.

Rita era uma mulher religiosa e dedicada ao lar. Nos longos momentos de solidão, ajoelhava-se em frente ao oratório,

LEILÕES

BOM EMPREGO DE CAPITAL
IMPORTANTE LEILÃO
DE UM RICO PALACETE E 40
LOTES DE MAGNIFICOS
TERRENOS
NO RIO COMPRIDO
ANTIGA CHACARA POSSOLLO

ANTERO SCHUTEL
Competentemente auctorisado
FARA' LEILÃO
SABBADO 25 DO CORRENTE
A's 11 horas da manhã
(Dia desoccupado)
RUA DO RIO COMPRIDO
JUNTO A RUA DA PAZ

De um rico palacete solidamente construido, com accommodações para grande familia, e proprio tambem para hotel, com abundancia d'agua, diversidade de arvores fructiferas, bons ares, etc. etc. e 40 lotes de excellentes terrenos promptos para edificar.

Chama-se a attenção dos Srs. proprietarios e capitalistas para esta excellente occasião, pois além da fertilidade d'estes terrenos, ha magnifica fonte d'agua crystalina, bons ares e quantidade immensa de arvores fructiferas. (·

Fonte: Jornal Gazeta de Notícias 23/3/1876
(Acervo BNDigital)

repleto de imagens de santos e de velas. Ao seu lado, o pequeno Cairbar. Na fileira de trás, os serviçais. Todos acompanhavam Rita, que passava as contas do rosário, uma a uma, em preces fervorosas.

O chamado santo rosário, também conhecido como terço, é um instrumento devocional utilizado pelos católicos, que consiste num cordão contendo contas, cada uma equivalendo a uma prece.

As contas maiores correspondem aos pais-nossos, e as contas menores correspondem às ave-marias. As preces, combinadas com reflexões sobre episódios específicos da vida de Jesus, garantiriam a segurança dos fiéis contra maldições. O objeto, porém, é considerado pelos religiosos da Igreja Católica um verdadeiro escudo de proteção espiritual. Seguindo o exemplo de Nossa Senhora, que luta com o rosário em punho, esse costume secular acalentava o coração de Rita e do seu querido filho. O pequeno Cairbar, atento, assimilava os exemplos da mãe.

Em julho de 1875, Dr. Henrique Schutel e família transferiram residência para o Rio de Janeiro. Ali, estariam próximos dos filhos Antero e ainda Maria Elisa, que também se mudara para a Capital do Brasil. Henrique continuaria medicando na Corte.

Há registros de viagens frequentes do Dr. Schutel para Santa Catarina, onde reencontrava familiares e amigos. No palacete em que morou o médico suíço, passou a funcionar um clube chamado Euterpe 4 de Março. As festas continuariam e ainda receberiam o antigo anfitrião por alguns anos.

Leilões versus Cassinos

Em algumas ocasiões, Antero teria colocado em risco os

bens da família para pagar dívidas de jogo, mas acabava saldando seus débitos à medida que era bem-sucedido no leilão seguinte. Os problemas começaram a se agravar com os atrasos nos acertos de leilões realizados por Antero. Havia prazo para venda e respectivo acerto dos bens arrematados. Isso passou a não acontecer regularmente, e as reclamações vieram.

Em junho de 1876, Antero foi suspenso pelo Tribunal do Comércio até apresentar nova fiança. Além disso, ficou estipulado que quaisquer reclamações que houvesse contra seus atos deveriam ser apresentadas no prazo de seis meses, no mesmo tribunal, para serem atendidas[24].

A tal fiança foi adiada até o mês de outubro, quando Antero finalmente regularizou a situação perante o tribunal. Então, de volta aos leilões!

Como quem parece ter vivido muito em pouco tempo, aquela vida intensa já não seria a mesma. Abatido, Antero teria anunciado nos jornais somente mais dois leilões até o final daquele ano.

No início de fevereiro de 1877, Antero solicitou ao Tribunal do Comércio um mês de licença para cuidar da saúde. Deferido.

Alegria para Cairbar, filho único do casal, em ter o pai em casa. Mas era uma alegria que duraria pouco tempo.

A notícia de mais uma gravidez de Rita poderia ser um alívio para a família, mas não foi. Terminada a licença médica de um mês, Antero apresentava um diagnóstico um tanto comprometedor envolvendo as funções hepáticas. Em 20 de abril, o Tribunal do Comércio concedeu mais seis meses a Antero para

---

[24] DIÁRIO DO RIO DE JANEIRO, 26-27 jun. 1876. p. 4. (acervo BNDigital)

tratamento de doença. Porém, tanto tempo de afastamento não seria necessário, porque, em menos de uma semana da liberação da licença, Antero viria a falecer com o diagnóstico de congestão do fígado.

O menino Cairbar, com pouco mais de oito anos de idade, experimentava a sua primeira grande perda. Não teria mais os carinhos do pai e teria que lidar com a realidade da ausência física dele, algo que nenhuma reza era capaz de resolver.

Cairbar Schutel, em suas lembranças, não guardaria qualquer mágoa ou ressentimento a respeito do pai. Pelo contrário, a atenção que Antero lhe deu seria suficiente para alegrar o coração do menino durante sua existência.

Ao lidar com a perda de um ente querido, a vida como sempre apresenta alternativas e, se elas não vêm de imediato, ainda assim há um outro recurso chamado esperança. Faltava-lhe o pai, mas tinha ao seu lado a mãe amorosa, amiga, professora, companheira de todas as horas e que, em breve, lhe traria um irmãozinho.

Setembro de 1877, mês do aniversário de nove anos de Cairbar. No dia 12, chegou o seu presente. Um irmãozinho!

Rita adoeceu por ocasião do parto. A febre puerperal, avançando para infecção generalizada, atingira-a mortalmente. Em menos de duas semanas, Rita sucumbiu à doença.

Pouco antes de sua morte, ciente da distância física que se avizinhava, entre febre e delírios, Rita procurou deixar algumas recomendações ao menino, que rapidamente precisaria se transformar num mocinho e logo num homem.

Uma dessas recomendações que ficou gravada em sua memória foi quando Rita pediu para que ele colocasse a sua melhor roupa, explicando, em seguida, o motivo: "Eu quero que você seja assim toda a sua vida. Sempre bem alinhado e sem nunca dormir antes de limpar os sapatos para o dia seguinte"[25]. De fato, nas poucas fotos de Cairbar e nos depoimentos de pessoas que conviveram com ele, é unânime a afirmação de que sempre se vestiu com muita elegância. Ainda existe preservado, no acervo de Cairbar Schutel, um frasco do perfume que pertencia a ele.

Assim, no dia 24 de setembro de 1877, dois dias depois do aniversário de Cairbar, Rita encerrou a sua jornada física, deixando os dois pequenos órfãos[26]. O irmão recém-nascido também teria existência breve. Não há informações seguras sobre o irmão de Cairbar, além das mencionadas no livro *Cairbar Schutel: o Bandeirante do Espiritismo*.

"A dor parece ser a sentinela avançada a nos despertar para a perfeição."

(*Parábolas e ensinos de Jesus,* de Cairbar Schutel, Editora O Clarim)

---

[25] MONTEIRO, E. C.; GARCIA, W. *Cairbar Schutel: o Bandeirante do Espiritismo.* Matão-SP: O Clarim, 1988.

[26] Há controvérsias sobre o verdadeiro nome do irmão de Cairbar nascido em setembro de 1877. Na falta de documentos oficiais comprobatórios, o nome Antero foi encontrado no livro *Cairbar Schutel: o Bandeirante do Espiritismo,* mas também o nome Artur, no mesmo livro citado. Em uma carta tratando de herança, aparece Artur como irmão de Cairbar.

CAPÍTULO 7

Do Colégio D. Pedro II para a vida

COMO JÁ VISTO, O VELHO DR. HENRIQUE SCHUTEL sabia lidar com a alta sociedade, mas também tinha fácil acesso às classes necessitadas. Prestou o concurso de sua profissão em prol dos necessitados, tanto em Santa Catarina como no Rio de Janeiro. Em 1877, foi homenageado com o título de sócio benemérito pela Imperial Sociedade Amante da Instrução, uma entidade beneficente para crianças órfãs. No século XIX, era comum o uso da palavra "amante" com o sinônimo de "amigo".

Amigo da instrução e dos desvalidos, Dr. Schutel tinha aos seus cuidados o próprio neto. Órfão aos nove anos, restava ao pequeno Cairbar ir morar com

Cairbar Schutel com nove anos de idade (Acervo O CLARIM)

os avós paternos. A companhia dos avós seria um alento para Cairbar por algum tempo.

Sem pai, sem mãe... As perdas físicas pareciam não dar trégua. Seis meses depois da morte de Rita, era a vez da avó Maria da Glória atravessar os liames da vida física, tendo como *causa mortis* congestão cerebral. Era a vez do velho Henrique Schutel sofrer a dolorosa perda da companheira de jornada. Em seu testamento, Maria da Glória teria incluído o neto, que herdaria uma fração de seus bens, a ser dividida entre os demais descendentes. Mas isso seria assunto para a maioridade. Naquele momento, Cairbar teria que lidar com a infância e a orfandade, que envolvia perdas, desapegos, readaptações e aprendizados.

Septuagenário, o avô Henrique ofereceu o apoio possível ao menino, por isso, na primeira oportunidade, procurou matriculá-lo no melhor colégio do Brasil.

O Colégio D. Pedro II era a melhor referência para a educação de um brasileiro de futuro. Não somente por ser o único a oferecer ensino secundário no país, a escola se propunha a formar um cidadão erudito e preparado para ocupar lugar de destaque na sociedade. O Colégio conferia o diploma de Bacharel em Letras, o que habilitava o formando a ingressar no ensino superior sem prestar exames.

Dentre as matérias programadas para sete anos de curso, havia as de idiomas francês, latim, inglês, alemão, grego e italiano.

Cairbar foi matriculado com 12 anos, mas não bastava a simples matrícula no melhor colégio do Brasil. O candidato deveria fazer um exame admissional, mostrando-se habilitado a ler, escrever, ter conhecimentos de gramática, aritmética –

incluindo frações e sistema métrico decimal – geografia e ainda noções dos objetos e instrução moral[27].

As regras no Colégio D. Pedro II eram bastante rigorosas. Os castigos disciplinares eram aplicados conforme o estatuto da instituição, com normas muito bem definidas. Com o passar do tempo, à medida que se modernizou, o colégio suprimiu os castigos que constavam do seu primeiro estatuto de 1837, que consistiam em privação do recreio, isolamento e realização de trabalhos extraordinários, como copiar pedaços de prosas ou versos, privação de passeios e de férias. Nas penalidades mais graves, o aluno transgressor tinha que vestir a roupa às avessas e ter lugar à parte na sala de aula, além disso poderia receber o que chamavam de moderada correção corporal. A pena máxima era a expulsão do Colégio[28].

Ao contrário das notas A, B, C e D ou de 1,0 a 10,0 praticadas na atualidade, as avaliações escolares seguiam uma ordem interessante: aprovado com louvor; aprovado com distinção; aprovado plenamente; aprovado simplesmente; ou reprovado. O aluno reprovado repetiria de ano e, se a reprovação voltasse a ocorrer, seria expulso do Colégio[29].

Porém, no meio de tantas regras e disciplina, havia es-

[27] COLEÇÃO DAS LEIS DO IMPÉRIO DO BRASIL. Decreto nº 6.884, de 20 de abril de 1878. Altera os Regulamentos do Imperial Collegio de Pedro II. Disponível em: <www2.camara.leg.br/legin/fed/decret/1824-1899/decreto-6884-20-abril--1878-547470-publicacaooriginal-62227-pe.html>. Acesso em: 14 abr. 2018.

[28] COLEÇÃO DAS LEIS DO IMPÉRIO DO BRASIL. Regulamento nº 8, de 31 de janeiro de 1838. Contém os Estatutos para o Collegio de Pedro Segundo. Art. 91 e 93. Disponível em: <www.histedbr.fe.unicamp.br/navegando/fontes_escritas/3_Imperio/artigo_011.html>. Acesso em: 14 abr. 2019.

[29] COLEÇÃO DE LEIS DO IMPÉRIO DO BRASIL. Decreto nº 8.051, de 24 de março de 1881. Altera os regulamentos do Imperial Collegio de Pedro II. Disponível em: <www2.camara.leg.br/legin/fed/decret/1824-1899/decreto-8051-24-marco--1881-546219-publicacaooriginal-60154-pe.html>. Acesso em: 14 abr. 2018.

tímulos para os alunos que faziam a diferença: os três alunos mais proeminentes de cada ano, por ordem de merecimento, recebiam prêmios, que consistiam em livros com capas douradas e ainda coroas entrelaçadas de louro e café[30].

Figura ilustre que sempre visitava o Colégio, o próprio D. Pedro II acompanhava as atividades, marcando presença em missas, eventos e até nos exames. O Colégio era um dos lugares preferidos do Imperador. Ele costumava dizer que "eu só governo duas coisas no Brasil: a minha casa e o Colégio D. Pedro II", tamanho carinho e interesse pela educação.

Na biografia de Cairbar Schutel consta que ele teria estudado o primeiro e segundo anos no Colégio D. Pedro II, em 1881 e 1882. Em suas avaliações da escola, predominava o abominável "aprovado simplesmente", último nível de avaliação antes de "reprovado".

Há registros de que Cairbar teria realizado exames preparatórios também em 1884 e, em setembro de 1885, ele teria sido sumariamente dispensado do Colégio D. Pedro II, apenas para dar lugar ao filho de um funcionário público mais influente. Esse último acontecimento, noticiado pelo Jornal *Diário do Brasil*, de 4 de setembro de 1885, já não era mais assunto para o querido avô, que se encontrava em fase final de sua existência terrena.

Voltamos ao paquete Rio Pardo, no qual o agora conhecido velhinho tentava se jogar no mar.

---

[30] COLEÇÃO DE LEIS DO IMPÉRIO DO BRASIL. Decreto nº 1.556, de 17 de fevereiro de 1855. Aprova o Regulamento do Colégio de Pedro Segundo. Art. 32 e 33. Disponível em: <www2.camara.leg.br/legin/fed/decret/1824-1899/decreto-1556-17-fevereiro-1855-558426-publicacaooriginal-79672-pe.html>. Acesso em: 14 abr. 2018.

Esse episódio foi extraído de um livro[31] escrito por um amigo de Henrique Schutel, Manuel Ferreira Garcia Redondo, escritor, historiador e membro fundador da Academia Brasileira de Letras. Garcia Redondo explica que o Dr. Henrique Schutel, já alquebrado pela idade, apresentava sintomas de marasmo senil, uma doença que afeta o cérebro gradativamente, começando com pequenos sinais de irritabilidade e esquecimento e chegando a delírios e alucinações. A doença, aos poucos, afetaria gravemente o comportamento e a vida social que Dr. Henrique tanto estimava.

Na verdade, Henrique não desejava suicidar-se. Segundo Garcia Redondo, a intenção em pular no mar seria para tentar chegar mais rapidamente ao Rio de Janeiro, a nado.

Rapidamente, a família foi acionada, e o Dr. Schutel foi internado numa clínica no Rio de Janeiro por ocasião da doença mental, onde faleceria em 28 de setembro de 1885.

O que seria do jovem Cairbar de Souza Schutel?

Sem mãe, sem pai, sem avô...

---

[31] O livro em referência é denominado *Minhas Memórias* e consta em *Cairbar Schutel: o Bandeirante do Espiritismo*, p. 30. Minhas Memórias não consta na bibliografia oficial do referido autor.

CAPÍTULO 8

Lacunas de viagem

HÁ ALGUMAS LACUNAS A RESPEITO DO PARADEIRO DE Cairbar Schutel entre 1885 e 1891. Infelizmente, não existem documentos que comprovem aonde Cairbar teria ido, exatamente, no início de sua viagem rumo à nova vida. Dessa época, temos apenas recortes registrados em três dos quatro livros biográficos sobre Cairbar Schutel[32]. Quando não imprecisos, alguns dados conflitam entre si, o que não compromete a beleza da história. Outros poderão ser adicionados à medida que novas pesquisas iluminem esse período.

Consta na primeira obra biográfica, escrita por Leopoldo Machado, que Cairbar viajou para Piracicaba (SP) aos 17 anos, em 1885, onde ficou por pouco tempo, mudando-se, em seguida, para Araraquara. Em ambas as cidades, teria trabalhado em farmácia. O autor afirma que Cairbar teria ido para o simples vilarejo de Matão, sem especificar data, motivado pela falta de farmácias na região.

---

[32] Os três livros biográficos sobre Cairbar são: MACHADO, Leopoldo. *Uma Grande Vida*. São Paulo: O Clarim, 1980.; MONTEIRO, Eduardo Carvalho; GARCIA, Wilson. *Cairbar Schutel: o Bandeirante do Espiritismo*. Matão-SP: O Clarim, 1988.; LOURENÇO, Sérgio. *Passagens de uma Grande Vida*. São Paulo: Correio Fraterno do ABC, 1984.

A segunda biografia de Cairbar, escrita por Eduardo Carvalho Monteiro e Wilson Garcia, informa que, por problemas pulmonares, um médico o teria intimado a procurar outra cidade para viver, se não quisesse encomendar o túmulo, pois a tuberculose estaria à espreita. Aceitas as imposições médicas, Cairbar seguiu para São Paulo e, dali, avaliando rapidamente o mapa de ferrovias, escolheu a dedo o final de uma das linhas paulistanas: Araraquara. Chegando lá, conseguiu emprego na Farmácia Moura, de João Baptista Raia, cuja família herdeira ainda mantém a tradição no setor farmacológico na atualidade. Logo, Cairbar foi promovido ao cargo de gerente. Isso teria ocorrido no ano de 1891.

Farmácia de João Baptista Raia - Araraquara/SP
(Acervo Museu da Imagem e do Som de Araraquara)

De acordo com o relato dos historiadores, Cairbar melindrou-se com o dono da farmácia por este ter-lhe chamado à atenção numa questão de trabalho. Sentindo-se injustiçado, pediu demissão. Schutel conseguiu outro emprego como entregador de mercearia, apenas para não ceder aos comentários irônicos do ex-patrão, que dizia aguardá-lo de volta supostamente redimido de seu orgulho. Naquela encarnação, o Sr. Raia não mais veria seu ex-gerente.

De Araraquara, Cairbar foi à cidade de Piracicaba e conseguiu um emprego na Farmácia Neves, segundo escreveram Monteiro e Garcia (1988).

Em 1894, Cairbar retornou a Araraquara. Adquiriu um pequeno sítio para cultivo de frutas e verduras, além de abrir um pequeno comércio no centro da cidade. Nessa época, teria conhecido Maria Elvira da Silva, mais conhecida como Mariquinhas, com quem se casaria posteriormente.

Somente em 1895, Cairbar mudou-se para Itápolis, um outro vilarejo ligado ao município de Araraquara, a 90 km dali. No ano seguinte, Schutel se transferiu definitivamente para Matão, onde passou a residir.

A terceira biografia, porém, colocou lenha na fogueira das incertezas.

Na versão de Sérgio Lourenço, Cairbar saiu do Rio de Janeiro aos 17 anos, seguiu para Piracicaba, interior paulista, onde exerceu várias atividades além da de farmacêutico. Dali, mudou-se para Araraquara, depois para Itápolis e, finalmente, Matão.

Como prova documental, Sérgio Lourenço apresenta uma carta e uma ata, ambas assinadas por Cairbar Schutel e datadas do ano de 1891. Naquela época, o jovem Cairbar tinha 23 anos de idade. As assinaturas nos documentos identificam-no como Secretário da Câmara Municipal de Villa da Boa Vista das Pedras (posteriormente, Itápolis), na gestão do primeiro intendente, Antonio Florêncio da Silva Terra, cujo mandato durou de 14 de janeiro de 1891 a 4 de julho de 1893. Silva Terra deu à cidade a primeira nomenclatura das vias públicas e os primeiros passos para encaminhá-la à ordem e ao progresso. Cairbar assimilou muito bem essa experiência, como poderemos ver adiante.

Para esse biógrafo, Cairbar ainda construiu a primeira farmácia da cidade, a Farmácia São Lucas. Conforme Lourenço, somente em 1896, com 28 anos, amadurecido na política e na profissão, Cairbar teria seguido para Matão.

Numa homenagem a Cairbar, publicada no jornal *Correio da Manhã*, de 17 de fevereiro de 1933, assinada pelo jornalista Mariano Rango D'Aragona, Cairbar saiu do Rio de Janeiro por problemas econômicos, tendo ido morar em Piracicaba e aprendido ali a profissão de prático em farmácia com Francisco Leocádio de Castro Neves, farmacêutico e espírita. Diante da necessidade de tornar-se independente na profissão, teria escolhido Matão para estabelecer residência. Apesar de não especificar datas, o que chama a atenção no texto de D'Aragona é que, além de ser contemporâneo, o autor era amigo de Cairbar, tendo publicado a homenagem em 1933, quase cinco anos antes da morte do biografado. Ainda encarnado, Cairbar teria tido a oportunidade de ler sua própria história.

As evidências encontradas nas biografias, bem como os fragmentos documentais e testemunhais, permitem resumir esse importante período de mudanças da vida de Cairbar da seguinte forma: a partir de 1885, aos 17 anos, Cairbar de Souza Schutel decidiu deixar a cidade do Rio de Janeiro e seguir para o interior paulista. Por motivos de saúde, ou de ordem econômica, sem mais contar com a figura do avô Henrique Schutel, o jovem seguiu de trem para Piracicaba, onde se estabeleceu por tempo indeterminado. Em 1891, ele estava em Itápolis, onde, possivelmente, conheceu Mariquinhas, com quem viria a se casar. Em 1892, conforme consta no cartório de Registro de Imóveis de Araraquara, Cairbar comprou um imóvel na cidade, no bairro de Vila Xavier, o que nos leva a acreditar que ele aí residiu. Em 1896, Cairbar mudou-se para o vilarejo chamado Bom Jesus das Palmeiras, a futura Matão.

Aquele final de século XIX foi intenso para Cairbar Schutel. A saída do Rio de Janeiro e a mudança para o interior paulista foram eventos marcantes em sua vida. Apesar da ligação mais próxima com o avô, o rapaz abdicou da tutela de uma nobre família que tanto poderia lhe oferecer – já que possuía familiares influentes ligados à política, como era o caso de seu tio Duarte Paranhos Schutel.

Optou por iniciar uma nova vida longe de tudo, levando apenas o seu baú com os poucos pertences que lhe restavam, alguns documentos, fotos de familiares e, no baú da memória, mais intensamente, a figura de seus pais, Rita Tavares Schutel e Antero de Souza Schutel.

Jovem, bem-vestido e educado, amadurecido pelas experiências assimiladas na Capital do Brasil, Cairbar viveria em qualquer meio, e em qualquer cidade, com considerável desenvoltura.

CAPÍTULO 9

Farmacêutico prático

SER OU NÃO SER FARMACÊUTICO?

A situação profissional de Cairbar Schutel era a de um simples farmacêutico sem formação universitária. Mas, naquela época, "um simples farmacêutico" não era só isso. A julgar pelo que conhecemos da profissão de farmacêutico na atualidade, dizer que uma pessoa tem habilidade em prática de farmácia poderia relegar o profissional a um aprendiz, isto é, com limitada atuação. No final do século XIX, a concepção de farmacêutico não se restringia a uma simples prática, mas a um conjunto de saberes e procedimentos ligados à saúde.

Senão, vejamos. Segundo registros históricos, os primeiros *profissionais de saúde* brasileiros – como não poderiam deixar de ser – eram os indígenas, que, desde sempre, praticavam o curandeirismo e medicavam utilizando elementos da natureza. Muitas dessas práticas e saberes foram, ao longo da história, apagadas à medida que os colonizadores portugueses dizimaram esses povos e suas tradições.

No século XVII, por ordem do Reino de Portugal, os

boticários passaram a existir nestas terras, podendo comercializar drogas e medicamentos por intermédio de uma Carta de Aprovação, em que o candidato a boticário deveria apenas provar alguma habilidade na manipulação de medicamentos galênicos[33] e tisanas, espécie de infusão com ervas. Assim, os jesuítas instalaram as primeiras boticas nas imediações de conventos e colégios.

No século seguinte, por intermédio do Regimento 1.744, foi legalizada a profissão de farmacêutico e se definiu normas mínimas, equipamentos necessários, fiscalização e multas.

Com a chegada da Família Real ao Brasil, em 1808, D. João VI criou a Botica Militar, que, mais tarde, tornar-se-ia o Laboratório Químico Farmacêutico do Exército.

Somente em 1832 é que foram criados os cursos de Farmácia, ainda vinculados às escolas de medicina que existiam no Rio de Janeiro e na Bahia. A primeira escola exclusivamente de farmácia foi fundada apenas em 1839, em Ouro Preto, Minas Gerais.

Pela deficiência da área sanitária e epidemiológica, em todo o país, com ausência de atendimento na área de saúde pública, restavam poucas alternativas para o povo. O farmacêutico era o médico, o parteiro, o veterinário, o conselheiro e o salvador. O papel político e social desse profissional, inclusive como formador de opinião, era indiscutível.

Desde a prática de farmácia na Rua 1º de Março, no centro do Rio de Janeiro, Cairbar fazia sucesso com as fórmulas e

---

[33] Claudio Galeno (130-200 d.C.) elaborou uma lista de remédios vegetais conhecidos como "galênicos", a maioria dos quais era composta de vinho. Observador e metódico, classificou e usou magistralmente ervas. (*Como se originou o nome Galênica*. Disponível em: <www.galenica.com.br/origem_do_nome.php>. Acesso em: 17 abr. 2018.

com o público. Parecia que ele conhecia de cor tudo o que os médicos receitavam. A passagem pelas cidades de Piracicaba, Araraquara e Itápolis transformaram Cairbar num respeitado farmacêutico, devidamente licenciado[34].

Cairbar Schutel não se contentava em ficar na farmácia, atrás do balcão, todo de branco e perfumado, atendendo clientes que apareciam. Aos sábados, quando os colonos não trabalhavam, Schutel carregava sua charrete com medicamentos preparados no próprio laboratório e seguia em direção às fazendas onde era esperado. Em sua bagagem, muitos vidros de remédios contra o amarelão, anemia, maleita, vermes, tracomas, etc.

O menino José da Cunha, que mais tarde assumiria a direção da Editora O Clarim, conta que acompanhava Cairbar nessas aventuras. Fazenda Palmares, Piratininga e outras recebiam a visita frequente do farmacêutico[35].

Certa vez, numa das fazendas, uma mulher doente necessitava de socorro, e Cairbar precisava esquentar água para preparar compressas. Quando foi à cozinha, o fogão à lenha estava apagado. Examinou o ambiente e percebeu que não havia nenhum alimento. Então, ele fez o atendimento possível e, antes de se retirar, tirou do bolso algum dinheiro e colocou, discretamente, debaixo do travesseiro.

Sem dizer nada a esse respeito, pois não queria submeter a mulher a uma situação humilhante, despediu-se e partiu com o garoto na charrete lotada de frascos de remédios a tilintar.

---

[34] Na lista dos Profissionais que registraram seus títulos na Diretoria do Serviço Sanitário até Dezembro de 1912, Typografia do "Diário Oficial", São Paulo-SP, 1913. Na página 83, consta do nome de Cairbar Schutel como "Pharmaceuticos Licenciados".

[35] Entrevista com José da Cunha realizada em Matão, 5 de agosto de 1979. Acervo CCDPE – Centro de Cultura, Documentação e Pesquisa do Espiritismo (SP).

Próxima fazenda. Mais atendimento, mais remédios. Desses colonos não era cobrado nenhum centavo. Ao tornar-se espírita, Cairbar oferecia tudo isso e, conforme a necessidade, ainda aplicava passes magnéticos[36].

Na verdade, Schutel poderia ser considerado um sujeito inquieto. Realmente, atender clientes na farmácia e em domicílio não era suficiente para seu espírito realizador. Ele também visitava, com frequência, a cadeia pública da cidade. Ali, levava medicamentos, mas o principal ingrediente era a atenção que oferecia aos infelizes encarcerados. Além da palavra amiga, fazia pequenas preleções de cunho moral, quando não preces. No Natal e na Páscoa, Cairbar também levava mantimentos.

Farmácia Schutel - Cairbar Schutel ao centro (Acervo O CLARIM)

O mais curioso era o farmacêutico ser constantemente chamado pelos guardas para atender casos de supostas obses-

---

[36] Passe magnético é o termo conhecido entre os espíritas que define a transmissão de energia através do posicionamento de mãos sobre a pessoa que recebe o passe. O transmissor fica em estado de concentração ou prece e aplica o passe com movimentos longitudinais das mãos ou com as mãos imóveis.

sões espirituais dentro da cadeia[37]. Alguns apresentavam, inclusive, comportamentos violentos. Cairbar chegava à porta da prisão, fazia uma prece, em silêncio, e pedia para abrir a cela para ter com o preso.

Em alguns casos, Schutel pedia para que o prisioneiro fosse solto sob sua responsabilidade. Assim era feito. Cairbar levava o cidadão para o local das reuniões espíritas, chamava a médium D. Sinhá, que se concentrava e realizava verdadeiras doutrinações de Espíritos. Livre da obsessão, o sujeito voltava à cadeia, calminho e com outra fisionomia.

Contudo, quem quisesse considerar o farmacêutico Cairbar Schutel apenas como um sujeito inquieto teria visto pouco. Além de atender doentes na farmácia, nas fazendas e na cadeia, Cairbar ainda recebia enfermos em sua própria casa, alimentando-os e cuidando da saúde de todos. Decerto, um plano de saúde não resistiria à concorrência diante dos serviços prestados pelo farmacêutico de Matão.

Em vista do volume de atendimentos em sua própria residência, Cairbar construiu casinhas no fundo do terreno de sua moradia. Ali, atendia e dava guarida para tuberculosos, aleijados e até obsidiados[38]. Estes partiam rápido porque costumava ocorrer a cura na primeira sessão.

---

[37] Obsessão espiritual se manifesta quando uma pessoa sofre influência de Espíritos – perseguição – a ponto de causar confusões mentais e comportamentais. Algumas pessoas conhecem como "encosto" ou "possessão".

[38] Pessoa que sofre obsessão espiritual. Obsessão (do latim *obsessione*) – 1. Ideia fixa e perturbadora. 2. É o império que alguns Espíritos sabem tomar sobre certas pessoas. Ela não ocorre senão pelos Espíritos inferiores que procuram dominar; os bons Espíritos não impõem nenhum constrangimento; eles aconselham, combatem a influência dos maus e, se não os escutam, retiram-se. Os maus, ao contrário, agarram-se àqueles sobre os quais fazem suas presas; se chegam a imperar sobre alguém, identificam-se com seu próprio Espírito e o conduzem como uma verdadeira criança. – 3. principais variedades são: a obsessão simples, a fascinação e a subjugação. (KARDEC, Allan. *O Livro dos Médiuns*. IDE Editora).

Quando o doente estava em situação muito precária, Schutel colocava um pequeno colchão em sua charrete e partia em disparada em busca do enfermo. Com suas roupas de linho e barba muito bem-feita, cuidava dos pobres e dos doentes da redondeza. No seu rastro, a fragrância de perfume francês.

"Lá vai a ambulância do Seu Schutel!", diziam ao vê-lo passar.

Seus préstimos não cessavam por aí. Além do pacote de serviços que Cairbar oferecia à comunidade voluntariamente, ele cuidava muito bem dos peregrinos sem destino, em especial dos grupos de hansenianos que passavam a cavalo. Naquela época, a hanseníase não tinha cura. A doença é altamente transmissível por intermédio das vias respiratórias, pela saliva e pelo ar, atingindo os nervos e a pele. A pessoa fica com graves manchas e irritações, chegando a passar por deformidades severas nas extremidades do corpo. Atualmente, apesar de contagiosa, possui tratamento e cura.

A doença, antigamente conhecida por lepra, era estigmatizada desde os templos bíblicos. Uma vez contaminado, o doente deixava de ser pessoa e passava a ser um problema que ameaçava a população e a sociedade.

Os hansenianos eram seres que não sofriam apenas a indiferença dos familiares, da sociedade e do Governo. Eles eram sumariamente desprezados. Na Europa, os hansenianos eram obrigados a utilizar sinos para anunciar suas presenças e, dessa maneira, não assustar ou contaminar os ditos sãos. No Brasil, perambulavam sem sino e sem destino, abandonados pelas ruas, causando mais terror do que compaixão.

No Estado de São Paulo, a epidemia avançou consideravelmente entre o final do século XIX e início do século XX.

Enfermidade sem tratamento na época, somente depois de 1920 o Governo procurou realizar algo. Sem capacidade para acabar com a moléstia, passou a isolar os hansenianos em asilos-colônias – como em Mogi das Cruzes (1928), Guarulhos e Itu (1931), Casa Branca (1932) e Bauru (1933) –, que poderiam ser comparados a campos de concentração.

Uma lei que durou até 1962 impunha isolamento compulsório desses doentes, que eram capturados e depositados nesses asilos-colônias.

Essa política de isolamento de hansenianos transformava-os em verdadeiros párias. Eram poucas as opções de vida: ou se escondiam em suas casas com os familiares que os suportassem, ou viviam à mercê da própria sorte.

Schutel atendia-os dando-lhes medicamentos, alimentos e o que necessitassem. Assim, poderiam continuar suas viagens para seus destinos, mesmo os destinos mais indefinidos. Com aqueles seres semidespedaçados, dos quais a maioria tinha medo, Cairbar conversava com a mesma naturalidade que manifestava com os doutores. Ele, inclusive, fez parte de uma entidade de orientação católica – Associação São Vicente de Paulo – fundada em 1907, com o objetivo de prestar caridade aos pobres, idosos e doentes, em especial os hansenianos. Para ele, o bem não poderia ter rótulos religiosos. Cairbar fez parte dessa Associação, sendo inclusive presidente em várias gestões. Esses exemplos de desprendimento e amor ao próximo chamavam a atenção dos opositores, impondo respeito diante daqueles com diferenças conceituais sobre a prática do bem.

A essa rotina, junte-se uma outra atividade que Cairbar adorava fazer: divulgar o Espiritismo.

CAPÍTULO 10

Matão do Bom Jesus

EM 1895, CAIRBAR ESTARIA VIVENDO EM ARARAQUARA. Nesse período, a cidade de Matão começava a surgir.

Nos idos de 1890, senhores das cidades de Araraquara, São Carlos, Capivari e Tietê, dentre outras, adquiriram terras na região para se dedicarem à cultura do café, que alcançava preços bem elevados. A região era fertilíssima, rodeada de densas florestas, predominando as palmeiras.

No início, muitos residiam em casas de sapé até construírem casas mais confortáveis, e outros moravam em Araraquara enquanto preparavam suas moradas na região.

As compras eram feitas em Araraquara. As mercadorias eram trazidas em carros de bois quinzenalmente[39].

Há uma expressão em latim que diz *acquae condunt urbs*, que significa "as águas fundam cidades". A história e a geografia provam o dito popular, pois boa parte das vilas nasceu próxima a rios e córregos. Entretanto, havia um outro aspecto de grande

---

[39] Depoimento de Ignez da Silva Coelho, uma das primeiras habitantes de Matão. (LEITE, Azor Silveira. *Uma História para Matão, Volume I – Matão*. Matão-SP: Ind. Matonense de Artes Gráficas IMAG Ltda., 1992. p. 245.)

relevância: naquela época, as construções de capelas também prenunciavam a formação de povoados.

Diante da precariedade da vida no local, por volta de 1891, alguns fazendeiros se reuniram e decidiram fundar uma capela na propriedade de José Inocêncio da Costa, que possuía terras num local privilegiado, perto de um córrego, e morava numa choupana.

Uma comissão formada por Theófilo Dias de Toledo, Antonio da Silva Coelho, José Brochado Correa e Leão Pio de Freitas tomou a frente do projeto. Como não poderia ser diferente, a capela deveria ter um padroeiro. Escolheram o Senhor Bom Jesus das Palmeiras e a ele seria destinado o seguinte patrimônio: uma gleba de dez alqueires, conforme consta na escritura lavrada no Cartório de Registro de Imóveis de Araraquara, datada de 1892, adquirida por um conto de réis. O valor foi considerado exorbitante pelos compradores, mas, pelo desinteresse em vender o terreno, José Inocêncio foi irredutível e acabou vendendo a área sem nenhum desconto.

A compra, demarcação do perímetro e respectiva limpeza do terreno ficaram a cargo da comissão liderada por Theófilo Dias.

Em 1893, iniciou-se a construção da capela, com o auxílio de donativos de fazendeiros locais. O altar, vindo de Araraquara, era de madeira pintada de branco esmaltado e com frisos dourados. Era usado, mas estava em bom estado.

A imagem do santo foi adquirida e levada de Araraquara até Matão pelo melhor meio de transporte disponível na época: carro de boi.

No dia 25 de março de 1895, os moradores das fazendas

seguiram a pé, felizes, até a região onde atualmente é a Vila Santa Cruz – aproximadamente três quilômetros de onde a recém-construída capela fora erigida – para a esperada solenidade.

Ao som do espocar de foguetes, cânticos e rezas, iniciou-se a grande procissão que levou a imagem do Senhor Bom Jesus até a capela. Depois de benzidas a capela e a imagem do santo, realizou-se a primeira missa daquela vila, celebrada por um sacerdote de Araraquara.

Aproveitando o momento festivo e a presença de um religioso, alguns batizados e casamentos também se realizaram. Foi um dia de regozijo para os habitantes do povoado.

Nesse ano, o vilarejo cresceu ainda mais por conta de uma tragédia que abateu a cidade de Araraquara. Muitas famílias mudaram-se às pressas por causa da febre amarela, que dizimou diversas vidas.

Por conta da rapidez com que o lugarejo crescia, em 19 de setembro de 1895 foi criado o distrito policial.

Que nenhum supersticioso nos ouça: numa sexta-feira 13 do ano de 1896, Cairbar Schutel mudou-se para a Vila do Senhor Bom Jesus das Palmeiras, sua morada definitiva. Ao seu lado, a companheira Maria Elvira da Silva, a Mariquinhas.

O casal teria chegado à nascente cidade e encontrado apenas uma capela nova com um altar usado e um punhado de casebres. Não foi difícil para aquele carioca já tão vivido e experiente tornar-se conhecido. A utilíssima profissão de farmacêutico e a experiência adquirida na política em Itápolis faziam dele uma pessoa muito bem-vinda em qualquer lugar.

Schutel montou sua farmácia na Rua do Comércio, Bairro da Pedreira, em frente ao Juca Barbeiro. Em pouco tempo,

Cairbar era conhecido dos fazendeiros, pois visitava as propriedades e prestava o valoroso concurso de sua profissão. Com sua elegância, eloquência e espírito empreendedor, a veia política de Cairbar aflorava. Com o tempo, o farmacêutico adquiriu terras na região e foi sedimentando sua permanência na cidade[40].

Em 1897, o vilarejo passou a ser Distrito de Paz. Pelo cartório de registro civil recém-inaugurado, pode-se perceber o contingente de estrangeiros que viviam na redondeza. Dos 100 primeiros casamentos registrados, 97 nubentes eram estrangeiros. Dentre eles, 86 eram italianos, 4 portugueses, 3 austríacos, 2 espanhóis e 2 alemães. Dos demais, 25 eram de Araraquara, 7 de Brotas (SP) e 5 de Vila do Senhor Bom Jesus das Palmeiras (futura Matão), dentre outros[41]. A Paróquia foi criada em 1898. No mês de abril daquele ano, o Padre Miguel Ruffo assumiu o posto de primeiro vigário. Em agosto, a localidade se elevou à condição de município, desmembrando-se do município de Araraquara e passando a se chamar Bom Jesus de Matão, já que existia no Estado outra cidade com o nome de Bom Jesus das Palmeiras.

A estação ferroviária da cidade foi oficialmente inaugurada em 25 de março de 1899, denominada Capela de Matão.

Em 28 de março de 1899, tomou posse o primeiro mandato da Câmara Municipal. Lá estava Cairbar de Souza Schutel, juntamente com outros influentes senhores[42]. Na primeira

---

[40] Conforme Transcrição de Transmissão de Imóveis, de 5 de outubro de 2009, que consta aquisição de quatro áreas localizadas na Fazenda de Matão entre os anos de 1897 e 1899.

[41] LEITE, Azor Silveira. "Os Cem primeiros casamentos registrados em Matão". In: *Uma História para Matão, Volume I – Matão*. Matão-SP: Ind. Matonense de Artes Gráficas IMAG Ltda., 1992. p. 220.

[42] Ata de reunião de 28 de março de 1899 da Câmara Municipal, constituída

legislatura da intendência – cargo que se poderia comparar ao de prefeito – Cairbar assumiu o mais alto posto de comando daquela cidade, sem saúde pública, sem esgoto, sem energia elétrica e, o mais grave, sem dinheiro.

A vereança não era tarefa fácil. O cargo não era remunerado, e a resolução de problemas não raro resvalava em questões pessoais. Sempre sobrava para o intendente. Depois de decretado o Regimento Interno da Câmara Municipal, iniciava-se a vida política na pequena cidade.

Uma das primeiras medidas do novo intendente foi providenciar empréstimos com fazendeiros[43], expediente que foi utilizado por muitos anos até que o município conquistasse autonomia.

Os problemas de saúde pública, sem um sistema eficiente, eram resolvidos por meio de comissões, como a que foi nomeada para estudar a substituição de fossas fixas por um sistema definitivo de cloacas. Surgiam, no município, os primeiros casos de varíola. Notícias sobre a chegada da peste indiana na cidade de Santos também inquietavam o intendente.

Medidas emergenciais – como arruamento, construções, polícia municipal – constaram da primeira lei do Município. Esta anunciou a expropriação de terrenos para o prolongamento de ruas e avenidas, que seriam consideradas ruas as que se achassem na direção de nascente a poente, e avenidas as que

---

pelos Senhores Vereadores Dr. Leopoldino Martins Meira de Andrade, Capitão Theófilo Dias de Toledo, Capitão Ottoni Corrêa, Farmacêutico Cairbar de Souza Schutel, Tenente José Hipólito Fernandes e José Pio Corrêa da Silva, sendo suplentes os Senhores Emílio D´Agostino, Tenente Paulo do Amaral Sampaio, Antonio Kfouri, Amador Cândido Rodrigues, Capitão Christovam Corrêa de Arruda, Francisco Pires Fleury e Major Mathias Dias de Toledo.

[43] LEITE, Azor Silveira. "Administração do Município de 1900 a 1916". *Uma História para Matão, Volume I – Matão*. Matão-SP: Ind. Matonense de Artes Gráficas IMAG Ltda., 1992. p. 48.

estivessem na direção norte a sul. Autorizava ainda o intendente a realizar pagamentos e a fazer operações de crédito necessárias para o bom andamento da Câmara.

A lei decretada em 5 de agosto de 1899 tratava de promover a iluminação da vila. Diante da oferta de lampiões feita por particulares, o intendente ficava autorizado a receber até o número de quarenta unidades, a serem distribuídas pelas ruas mais populosas do vilarejo. Até o ano de 1901, a cidade teria 56 lampiões completos.

Cairbar entregou a intendência para Theófilo Dias no dia 7 de outubro de 1899, mas reassumiu o mandato dez meses depois, em 18 de agosto de 1900, renunciando quase em seguida, em 15 de outubro de 1900.

Naquele tempo, os períodos de mandatos dos intendentes eram irregulares. Pelo que se verificou, os dez primeiros administradores da cidade se mantiveram em períodos variados, entre dois meses a até quase oito anos seguidos. A partir de 1907, os intendentes passaram a ser nomeados pelo Governo do Estado.

A vida política do primeiro intendente não teria se encerrado por aí. Em 1º de agosto de 1902, encontramos o cidadão Cairbar de Souza Schutel no exercício da vereança, apresentando uma emenda ao projeto de lei que estipulava 30% de multa para o contribuinte que deixasse de pagar seu imposto, mas que este se reduziria a 20% caso o contribuinte deixasse de honrar o compromisso em virtude da crise, e não por vontade própria.

No ano de 1903, o nome de Cairbar não mais figuraria

nas atas das sessões da Câmara Municipal da Vila do Matão. Embora tivesse cumprido relevante papel na política, a vereança não correspondia mais aos seus anseios.

Ter o seu negócio próprio e atuar na sociedade significava muito para Cairbar, contudo um vazio tomava conta de seu espírito inquieto.

Quantas noites ele caminhou pelas ruas batidas de terra, refletindo sobre a vida, ora sob a luz verde-azulada dos lampiões, ora sob o luar prateado e profuso. Algo de novo haveria de vir...

Capítulo 11

Contatos com o Além – como tudo começou para Cairbar Schutel

Segundo o biógrafo Eduardo Carvalho Monteiro, Cairbar era um católico praticante. Devoto de Nossa Senhora Aparecida, era um fiel pagador de promessas. Acostumado a puxar procissões, Schutel era daqueles que colocava cruzes na estrada quando morria alguém no local.

Ainda em Araraquara, Cairbar frequentava uma igreja, cujo vigário era o Padre Luciano Francisco Pacheco. Em Matão, não seria diferente. Como bom católico, Schutel tinha considerável acesso entre os religiosos.

Um fato que começava a chamar a atenção de Cairbar eram os frequentes sonhos com os pais. Sonhos, por vezes, incômodos, porque eram reais demais. Era como se, em determinadas noites, recebesse visitas, sentindo a presença física dos queridos genitores, com aquela sensação de que, quando despertava e abria os olhos, seus pais estavam ali ao lado de sua cama. Seria ilusão?

E os sonhos foram se intensificando a ponto de Cairbar

levar o assunto para o padre, pois era difícil admitir a presença física dos seus queridos, mortos há tanto tempo. O religioso teria tentado explicar o fenômeno, levando para o patamar da imaginação do sonhador. Para o padre, o contato com os mortos seria algo impossível. Assim, recomendou missas em nome das almas dos parentes mortos.

Missas encomendadas e realizadas, porém, sem efeito prático. A reincidência dos sonhos, ditos fabulosos, aguçava o espírito irrequieto de Cairbar. Aqueles contatos durante o sono eram reais o bastante para admitir que havia algo muito diferente acontecendo. Estaria enlouquecendo? Afinal, não era uma mera lembrança dos pais; ele sentia a presença deles como se ali estivessem, e vivos!

Seu ótimo relacionamento na cidade não demorou a levá-lo diante de dois cidadãos que provocariam profunda mudança na maneira de encarar aqueles "encontros do Além": Quintiliano José Alves e Calixto Nunes de Oliveira.

Na época, início do século XX, Cairbar estava com trinta e poucos anos de idade. O lavrador Quintiliano e o carpinteiro Calixto estavam na faixa dos sessenta anos; não demoraram a simpatizar com o jovem farmacêutico carioca.

Em tempos passados e não muito distantes, os dois senhores realizavam reuniões para se comunicarem com Espíritos. Essas comunicações aconteciam de maneira empírica, isto é, sem um critério e por mera curiosidade sobre os fenômenos.

As manifestações ocorriam de forma rudimentar, com uma linguagem simples, na base de pancadas ou batimentos em objetos ou utilizando o próprio ambiente, como piso e paredes. Pela insistência de Cairbar, Quintiliano e Calixto aceitaram retomar as reuniões. Schutel desejava verificar a existência de

Espíritos e, consequentemente, certificar-se de que existia vida depois da morte.

As reuniões se iniciaram.

Casa de Quintiliano.

Pela primeira vez, Cairbar Schutel reuniu-se com Calixto e com o simpatizante Antonio Maria Brandão. Ali, várias comunicações espirituais se sucederam, aguçando a curiosidade do novo visitante.

Uma das comunicações surpreendeu o iniciante Cairbar, porque era endereçada a si: um Espírito bondoso ditou instrutiva mensagem, dirigindo-se a ele e fazendo referências à missão que deveria desempenhar. O Espírito comunicante se identificou como D. Pedro II[44]. Cairbar não imaginaria, depois de tantos anos, um reencontro com aquela figura que teria testemunhado com ele os tempos do Colégio que levava o seu nome. Uma emoção tomou conta daquele novato, interessado pelas comunicações com os Espíritos, doravante ainda mais.

As reuniões continuaram.

Apesar da simplicidade daqueles poucos participantes, Cairbar percebia uma inteligência que se manifestava por intermédio daqueles batimentos.

Algumas perguntas de participantes feitas aos Espíritos eram fúteis, mas ainda assim Cairbar não perdia nenhuma oportunidade de observar e aprender.

"Minha porca desapareceu há dois dias com todos os filhotes. Onde estariam os meus bichinhos? Será que me foram roubados?", perguntava o sitiante desolado.

---

[44] MACHADO, Leopoldo. *Uma Grande Vida*. Matão-SP: O Clarim, 1980. p. 44.

As batidas eram traduzidas em sinais que indicavam o local onde estaria a cria do cidadão aflito.

No dia seguinte, bem cedo, o próprio Cairbar ia comprovar a revelação no local indicado. Lá estava a porca e seus filhotes. Esses fenômenos o encantavam de tal maneira que já nem dava ouvidos para o padre, que agora alertava sobre a proibição da comunicação com os mortos.

Não demoraram a ocorrer manifestações de Espíritos pedindo missas e acendimento de velas a favor de si mesmos. Sem entender o motivo de tanto peditório, o grupo se reunia, cotizava-se, encomendava as missas e acendia as velas.

As comunicações com o Além atraíam, gradativamente, a antipatia de quem era contra essa atividade, principalmente os católicos mais fervorosos.

Apesar de bom católico, Cairbar se sentia injustiçado no seu direito de praticar a comunicação com os Espíritos. Numa cidade tão diminuta como Matão, esses fatos causavam certa estranheza no povoado, que pendia entre a curiosidade e os desmandos dos padres.

Comentando esses fatos com o amigo João Rosa Pereira e Silva, caixeiro-viajante da cidade de Itápolis, este lhe presenteou com um exemplar da revista espírita *Reformador*[45].

Cairbar leu a revista com atenção e se interessou profundamente pelo assunto, afinal, aquilo que ele vivenciava empiricamente nas reuniões de comunicações com os Espíritos já era estudado com evidente seriedade, inclusive em outros países.

---

[45] *Reformador* é uma revista espírita, publicada pela Federação Espírita Brasileira (FEB) desde 1883. É o mais antigo periódico espírita ainda em circulação no Brasil. O segundo é o jornal *O Clarim*.

O amigo ainda teria recomendado a leitura das obras básicas do Espiritismo, composta de cinco livros[46], se quisesse aprofundar o assunto.

Sem perda de tempo, Cairbar encomendou *O Livro dos Espíritos*, *O Evangelho Segundo o Espiritismo* e, logo depois, os três livros faltantes.

O estudo daquelas obras causaria profunda mudança nas ideias e nos valores de Cairbar. Os conceitos ali apresentados propunham um novo paradigma: o espiritual.

Agora Cairbar tinha uma explicação. Aqueles Espíritos que se comunicavam pedindo missas eram as almas dos homens que viveram na Terra e que, com a morte do corpo, continuariam a existir numa outra dimensão, podendo ser percebidos por pessoas que tivessem uma capacidade especial para comunicação, os chamados médiuns. Além do mais, aqueles Espíritos que se comunicavam não haviam abandonado suas crenças, o que explicava tanta solicitação de missas e velas.

Contudo, não era só isso que o Espiritismo revelava: questões de cunho científico, filosófico e religioso traziam esclarecimentos nunca vistos antes e com uma racionalidade sem igual.

Após a leitura completa dos livros, as reuniões de comunicação com o Além se aperfeiçoariam. A ira dos religiosos também.

Iniciava-se ali, naquele ano de 1904, uma nova fase na vida do bom e agora ex-católico Cairbar de Souza Schutel.

---

[46] As obras básicas do Espiritismo são: KARDEC, Allan. *O Livro dos Espíritos, Princípios da Doutrina Espírita*. França: Didier, 1857.; KARDEC, Allan. *O Livro dos Médiuns ou Guia dos Médiuns e dos Evocadores*. França: Didier, 1861.; KARDEC, Allan. *O Evangelho Segundo o Espiritismo*. França: Didier, 1864.; KARDEC, Allan. *O Céu e o Inferno ou A Justiça Divina Segundo o Espiritismo*. França: Didier, 1865.; KARDEC, Allan. *A Gênese, os Milagres e as Predições segundo o Espiritismo*. França, Didier, 1868.

CAPÍTULO 12

Estudando Espiritismo

A LEITURA DAS OBRAS DE ALLAN KARDEC descortinava uma nova forma de pensar a vida e a morte. "Para o Espiritismo, a vida não cessa", concluía Cairbar. Morre o corpo, mas o Espírito continua. Fica no Plano Espiritual por tempo indeterminado e, conforme a necessidade de aprendizado, retorna em novo corpo. "Isso é a reencarnação!", raciocinava, ávido por entender, cada dia mais, a nova doutrina.

"Então", pensava consigo, "aquilo que chamam de fantasmas seriam os próprios homens vivendo numa outra dimensão".

As páginas dos cinco livros eram lidas com entusiasmo e relidas, dependendo da complexidade do assunto.

Os estudos aconteciam nos breves intervalos de tempo na farmácia, mas eram mais produtivos durante a noite. Foi um período de intenso aprendizado.

Agora Cairbar entendia: os sonhos que tinha com seus pais eram verdadeiros reencontros, ocorridos num estado e numa dimensão diferentes das que conhecia, e perceptíveis por meio dos sentidos e das emoções. Como era bom imaginar que sua querida mãe ainda podia assisti-lo de onde estivesse. Certamente, ela sabia que tinha sido atendida em seu desejo. Seu filho crescera, tornara-se um belo homem, respeitado e devotado ao bem. Agora, Dona Rita era o anjo de sua vida.

Schutel tinha a preocupação em fortalecer o grupo. O embasamento nas obras de Allan Kardec parecia ser um bom caminho a seguir. *O Livro dos Espíritos* era o livro principal. Os outros quatro eram desdobramentos deste e detalhavam os principais conceitos do Espiritismo.

Em *O Evangelho Segundo o Espiritismo*, encontrou os aspectos morais daquela doutrina que, para sua surpresa, apresentava Jesus como o modelo e guia da humanidade.

As relações com o mundo espiritual constavam do curiosíssimo *O Livro dos Médiuns*. Cairbar tinha em suas mãos um verdadeiro manual para entender os fenômenos espirituais. Os tipos de mediunidades, as características das reuniões, o ectoplasma – uma espécie de pasta orgânica que é secretada pelos médiuns de efeitos físicos nos fascinantes fenômenos de materializações – quanta coisa nova! Nesse livro, aprenderia que todas as pessoas, em graus diferentes, também eram médiuns.

A obra *O Céu e o Inferno* tratava da Justiça Divina segundo o Espiritismo: penas eternas, juízo final e purgatório. Várias comunicações de Espíritos permitiam entender as diferentes situações de sofrimento ou alegria que vivenciavam no Além, que seriam simples consequências de seus modos de pensar e agir enquanto encarnados.

Finalmente, *A Gênese* dava noções de ordem filosófica

e científica como, por exemplo, a criação do Universo e dos mundos, o surgimento do Espírito, entre outros.

Cairbar exultava: "Então, o que chamamos de anjos e demônios nada mais são do que nós mesmos, porém em estados evolutivos diferentes?" Sim, estudara n'*O Livro dos Espíritos* a escala que permite a compreensão dos diferentes níveis de evolução dos Espíritos que povoam a Terra.

Um dos questionamentos que intrigava Cairbar era: "como um homem poderia elaborar informações tão interessantes e lógicas sobre o mundo dos espíritos?"

Allan Kardec utilizou-se da ajuda de médiuns para perguntar diretamente aos Espíritos tudo o que era relacionado ao lado de lá. Esses Espíritos, que se mostravam com alta envergadura moral e inteligência, respondiam a todos os questionamentos, que depois foram compilados e organizados por Kardec. O final desse trabalho resultou na primeira edição de *O Livro dos Espíritos,* lançada em 1857, composta de 501 perguntas e respostas, atualmente com 1018 perguntas e respostas, distribuídas de uma forma bastante didática. "Por isso as respostas eram tão surpreendentes, porque não vieram de pessoas encarnadas", assinalou Cairbar.

E a explicação sobre Deus? Logo no primeiro capítulo, Kardec pergunta "**O que** é Deus?", e não "**Quem** é Deus?", elevando seu significado acima da existência do ser humano. Porém, a resposta a essa pergunta seria ainda mais surpreendente: "Deus é a inteligência suprema, causa primária de todas as coisas".

Cairbar agora conseguia compreender melhor. Não aquele deus antropomorfizado – à imagem e semelhança do homem – que castigava, que cobrava e impunha suas leis, e que

estaria nas igrejas e na boca daqueles que diziam representá-
-lo, mas, sim, Deus, criador de tudo e de todos no Universo.
Eterno, imutável, imaterial, único, onipotente e soberanamen-
te justo e bom.

Antes, Schutel não conseguia entender como poderia
Deus ser justo e bom se, quando saía pelas ruas de Matão, encontrava aqueles morféticos entregues à própria sorte? E aqueles doutores, nascidos em berço de ouro, que nunca souberam
o que era passar fome na vida? Então, por que Deus permitiria
que alguns de Seus filhinhos sofressem e outros não? Somente
compreendendo a reencarnação poderia se conceber um Deus
justo, porque atribuiu ao próprio ser humano a capacidade de
plantar e colher, durante as tantas reencarnações, os frutos de
seus próprios atos e promover sua evolução.

"Que outra doutrina vem resolver esse problema das
desigualdades sociais, esse tão variado aspecto do cenário terrestre, desde o perverso até o santo, desde o ignorante até o
sábio?"

E continuou a pensar, "se fosse Deus a causa dessas con-
tradições flagrantes, se Ele tivesse criado uns bons e outros
ruins, uns adiantados e outros atrasados, e exigisse de todos,
em uma única existência, o mesmo progresso, a mesma perfeição, a mesma santidade, ficaria prejudicado em Seus atributos
de justiça e de amor".

"Mas assim não é" – assegurou – "Deus é o Sumo Bem
e a Justiça inflexível. Ele criou todos os Espíritos iguais, dando
a todos a mesma meta a alcançar, a mesma felicidade a conquistar."[47]

---

[47] Baseado em: SCHUTEL, Cairbar. *Conferências Radiofônicas*. Matão-SP: O
Clarim, 1985.

Mas, então, e os Espíritos? De onde vinham? Para onde iam? As respostas estavam lá:

* Os Espíritos são os seres inteligentes da criação. Constituem o mundo dos Espíritos, que preexiste e sobrevive a tudo.

* Os Espíritos são criados simples e ignorantes. Evoluem intelectual e moralmente, passando de uma ordem inferior para outra mais elevada, até a perfeição, onde gozam de inalterável felicidade.

* Os Espíritos preservam sua individualidade, antes, durante e depois de cada encarnação.

* Os Espíritos reencarnam tantas vezes quantas forem necessárias ao seu próprio aprimoramento.

* Os Espíritos evoluem sempre. Em suas múltiplas existências corpóreas, podem estacionar, mas nunca regridem. A rapidez do seu progresso intelectual e moral depende dos esforços que façam para chegar à perfeição[48].

"A vida terrestre é uma escola, onde viemos desenvolver as nossas aptidões. Se uns são adiantados é porque já viveram muito; os atrasados são Espíritos infantis que estão dando os primeiros passos na Estrada da Vida."[49]

Cairbar estudava os livros, por vezes, adentrando na madrugada. Ao deitar-se, ainda meditava sobre tudo o que havia lido, até cair no sono.

Deitado em sua cama, com a vela acesa, contemplava o forro do dormitório, que formava desenhos quase que artísticos pelo contraste da luminosidade com a sombra refletida

---

[48] FEB. *Conheça o Espiritismo*. Opúsculo, 2015.

[49] Baseado em: SCHUTEL, Cairbar. *Conferências Radiofônicas*. Matão-SP: O Clarim, 1985.

pelo relevo do teto rústico. Dali, imaginava os tetos coloridos das igrejas que houvera conhecido em sua vida e se perguntava:

"E as igrejas?" Para aquele que havia sido um bom católico, a nova concepção de religião não carecia mais de igrejas. Lembrava-se das imagens do calvário desenhadas nas paredes, dos ladrilhos e os luxuosos metais. "Para que tanto luxo?", resmungava Schutel.

"E as imagens dos santos?" – indagava. Agora, aqueles seres considerados santos não significavam mais do que pessoas dotadas de capacidades mediúnicas singulares, com um magnetismo diferenciado. Afinal, os milagres, de acordo com o que estudava, tinham uma explicação. Existiam os médiuns de cura, os videntes e outros, com aptidões para promoverem efeitos considerados prodigiosos. "Somente alguns foram reconhecidos pela Igreja e considerados milagreiros e santos", ponderou Schutel.

"Há santos canonizados pela virtude dos seus dons psíquicos e outros indivíduos excomungados por serem portadores dos mesmos dons. Um filho do povo agita-se e fala, movido pelo Espírito: é um louco, embora suas palavras sejam de amor e de justiça; uma freira cai em estado convulsivo com o corpo cheio de estigmas: é uma santa!"[50]

Cairbar recordou-se do tempo em que era devoto de Nossa Senhora Aparecida e sorriu. Embora mantivesse o respeito e gratidão pela imagem daquela mulher, cujo manto azul formava uma figura triangular, seu significado já havia alcançado outra dimensão.

---

[50] Baseado em: SCHUTEL, Cairbar. *O Espírito do Cristianismo*. 8. ed. Matão-SP: O Clarim, 2001. p. 146-147.

O fato de a Doutrina Espírita preconizar sua prática gratuitamente, dentro do princípio moral do Evangelho, "Dai de graça o que de graça recebestes", chamou a atenção de Cairbar. A prática espírita deveria ser realizada com simplicidade e sem cultos exteriores.

"Simplicidade, sim", confirmava Cairbar. De tanta simplicidade, o Espiritismo não necessitava de sacerdotes, nem adotava altares, andores, velas, procissões, sacramentos, concessões de indulgência, paramentos, bebidas alcoólicas ou alucinógenas, incenso, fumo, talismãs, amuletos, horóscopos, cartomancia, pirâmides, cristais ou quaisquer outros objetos, rituais ou formas de culto exterior.

Ao esboçar o pensamento da crítica sobre essas práticas, lembrou-se de que, havia pouco tempo, ele próprio utilizava-se de algumas delas.

Ao seu lado, sua esposa Mariquinhas dormia.

Dentro desse contexto, pensava Cairbar, o casamento, como sacramento da Igreja Católica, não exigiria qualquer oficialização religiosa, porque o amor marital deveria existir e ser vivenciado independentemente de quaisquer bênçãos, cerimônias e testemunhos. Para os espíritas, apenas a oficialização em cartório, em respeito às leis humanas, era recomendada.

Apesar das contrariedades, Cairbar iria lembrar-se para o resto da vida de que o Espiritismo não impunha seus princípios, e sim convidava os interessados em conhecê-lo a submeterem os seus ensinos ao crivo da razão, antes de aceitá-los. Em outras palavras, o bom espírita deveria respeitar todas as religiões e as doutrinas, valorizar todos os esforços para a prática do bem, trabalhando pela fraternidade e pela paz entre todos os povos, independentemente de cor, grupo étnico, nacionalidade, crença, nível cultural ou classe social.

"Mas isso não significa que devemos aceitar os ataques daqueles que são contrários ao Espiritismo", pensou Schutel.

A partir desses estudos, o futuro mostraria que essas convicções se manteriam pulsantes na memória e na vida de Cairbar.

Nascia o bandeirante do Espiritismo[51].

---

[51] Eduardo Carvalho Monteiro e Wilson Garcia utilizaram esta denominação no título da obra biográfica de Cairbar Schutel.

CAPÍTULO 13

Valorosos defensores

AS REUNIÕES ESPÍRITAS DE CAIRBAR EVOLUÍRAM. Agora, o grupo não fazia mais reuniões interpretando as batidas. O médium tomava do lápis e escrevia o que o Espírito queria dizer.

Esses encontros definitivamente incomodavam os padres. Para uma cidadezinha predominantemente católica, não poderia existir espaço para outra religião.

A Igreja Católica Apostólica Romana exercia um poder de mando quase que incondicional na população brasileira como um todo. O catolicismo romano formulava a ética moral e social; somado a isso, era recente a desvinculação da religião com o poder governamental.

Com a promulgação da primeira Constituição republicana, no ano de 1891, o Catolicismo deixou de ser a religião oficial do Estado, assim como o Governo não mais interferiria na escolha de cargos do alto clero, como bispos, diáconos e cardeais. O monopólio de registros civis passou para o Estado, sendo criados os cartórios para os registros de nascimento, casamento e morte, bem como os cemitérios públicos, onde qualquer pessoa poderia ser sepultada independentemente da religião que professava. As eleições para cargos do governo não mais ocorreriam dentro das igrejas. O voto seria livre para todos os homens brasileiros acima de 21 anos de idade que não fossem analfabetos, mendigos, soldados e religiosos. Infelizmente, as mulheres ainda não teriam direito ao voto. O sufrágio universal seria assegurado somente no ano de 1932, depois de intensa campanha nacional pelo direito ao voto das mulheres.

Mas, voltando às Igrejas, diante da Constituição da República, conforme consta em seu artigo 72, parágrafo 7º, "nenhum culto ou igreja gozará de subvenção oficial, nem terá relações de dependência ou aliança com o Governo da União ou dos Estados". Isso, porém, não acontecia na prática. O povo atendia quase que cegamente às recomendações eclesiásticas, afinal, os sacerdotes católicos seriam os representantes de Deus na Terra, autoridade que ninguém poderia contestar.

Os religiosos teriam que se adaptar ao novo cenário, defendendo a soberania da Igreja Católica Apostólica Romana, agora sem os subsídios e a interferência direta do Estado. E, assim, tinham de sobreviver.

De acordo com um dos mais sérios historiadores e teólogos brasileiros, Padre José Oscar Beozzo:

> [...] a vida econômica e financeira dos padres, como a de quase todas as classes, não era folgada. Normalmente o que recebiam, do Governo ou das irmandades, não dava para viver; tinham que completar o salário, seja cobrando taxas no exercício do ministério, taxas que o povo considerava injustas, porque já pagava os dízimos, seja dedicando-se a outras profissões. Havia padres botânicos, fazendeiros, do-

nos de hotéis, advogados, donos de movimentados postos de ferrar cavalos. Havia padres muito ricos, porém poucos. [...] É difícil determinar o número aproximado de padres; os viajantes estrangeiros encontram padres numerosos no interior, vivendo, às vezes, ao lado de populações espiritualmente abandonadas, e, por outro lado, povoados pequenos, de meia dúzia de famílias, que conseguiam ter seu pároco[52].

Independentemente da autoridade divina atribuída aos padres, algumas figuras da época que passaram pela vida de Cairbar eram bastante peculiares. O padre Antonio Braz Cezarino foi uma delas.

Nascido na Itália, em 31 de março de 1855, teria vindo ao Brasil aos trinta anos de idade. Nos 15 anos em que serviu Araraquara, teve a oportunidade de demonstrar o seu amor e a sua dedicação pela população e pela cidade.

Os jornais *Gazeta de Brotas*, *O Comércio de São Paulo* e *Correio Paulistano* nos apresentaram alguns detalhes de sua passagem pela cidade.

Antes de Araraquara, o Padre Antonio Cezarino residiu em Rio Claro (SP), onde, além de padre, era presidente da Companhia Mechânica Industrial Rioclarense, empresa responsável pela construção da usina hidrelétrica no rio Corumbataí, uma das primeiras hidrelétricas do Estado de São Paulo.

Transferiu-se para Araraquara em 31 de março de 1896, em meio à epidemia de febre amarela que havia vitimado dois padres da paróquia no intervalo de três meses. Em dezembro de 1895, morreu o padre Luciano Francisco Pacheco[53] e, em

---

[52] BEOZZO, J. O. (ed.). *História da Igreja no Brasil*. Tomo II/2. Petrópolis, 1992. p. 85-89.

[53] GAZETA DA TARDE. São Paulo, 28 dez. 1895. p. 2. (acervo BNDigital)

março de 1896, a mesma doença levou o seu substituto, o padre Hippólito Evangelista Braga[54].

O Padre Cezarino foi um grande servidor da cidade de Araraquara. Uma avenida do município leva o seu nome. Porém, ele tinha fama de chefe político muito temido na região. Não admitia o mais leve ruído durante a missa e não se intimidava em interromper a cerimônia para dar pitos e colocar fiéis barulhentos para fora da igreja.

O Jornal *O Comércio de São Paulo*, de 16 de fevereiro de 1909, publicou uma notícia intitulada "Em plena Igreja, vigário foi agredido, primeiro a revolver, depois à faca". O padre Cezarino teria impedido o senhor João de Arruda Cruz de testemunhar um casamento sob a alegação de que vivia com mulher ilegítima. Irritado com a observação, João sacou o revólver, mas foi habilmente desarmado pelo padre. Inconformado com a atitude do padre, João puxou uma faca, perseguindo o religioso, que fugiu. O jornal ainda destacou que João de Arruda só tinha um braço, o que talvez tenha dificultado a conclusão de sua agressão.

Uma tragédia que tornou a cidade de Araraquara conhecida nacionalmente em 1897 foi um linchamento em que foram vítimas o jornalista Rosendo Brito e seu tio Manoel Joaquim de Souza Brito. Os dois estavam na cadeia, acusados do assassinato do Coronel Antonio Joaquim de Carvalho, por motivos políticos.

Retirados da prisão à força, com a conivência de policiais, os Brito foram assassinados por um grupo de opositores, em plena praça, em frente à igreja matriz.

---

[54] O COMÉRCIO DE SÃO PAULO. São Paulo, 21 abr. 1896. p. 2. (acervo BN-Digital)

Segundo os registros, ao perceber os corpos dos Brito abandonados defronte à casa de Deus, Padre Antonio Cezarino teria tocado o sino da Matriz de São Bento em sinal de tristeza. Para completar, o vigário ainda teria praguejado contra a cidade.

> [...] afirmando que Araraquara não teria progresso por 100 anos, e que do ódio daquele linchamento gerara-se o gérmen de uma serpente que viveria embaixo do prédio da matriz. E que, se Araraquara um dia terminasse a reforma da Igreja, a serpente sairia à luz com o objetivo de destruir a cidade[55].

O episódio rendeu à Araraquara, por muitos anos, o infeliz apelido de *Linchaquara*.

Provavelmente por precaução, em frente da igreja matriz, no centro da praça, foi construído um chafariz e, ao alto, a estátua de uma grande águia para proteger Araraquara de um eventual ataque da serpente gigante.

O folclórico Padre Cezarino – sem se livrar de uma de suas pistolas que carregava costumeiramente debaixo da batina – mandara um recado a Cairbar: o vigário iria até Matão especialmente para lhe dar uma surra de chicote de couro torcido para que aprendesse a nunca mais se envolver com esse tal Espiritismo.

Ao ouvir o recado-ameaça por intermédio de Belarmino de Castro, dono da linha de troles que servia Araraquara e Matão, Cairbar apontou para a tramela da porta e disse que

---

[55] FRANÇOSO, Luís Michel. *A modernidade é uma serpente*. 2015. 140 f. Dissertação (mestrado) – Universidade Estadual Paulista Júlio de Mesquita Filho, Faculdade de Ciencias e Letras (Campus de Araraquara), 2015. p. 64-65. Disponível em: <http://hdl.handle.net/11449/132594>. Acesso em: 19 abr. 2018.

estaria pronto para receber qualquer padre com o mesmo espírito que viesse.

Passados alguns dias, o ruído de trote de cavalo puxando uma charrete se aproximou da farmácia. Era o padre italiano.

Cairbar percebeu a chegada do religioso. "O clima ia começar a esquentar", pensou consigo. Estava tenso, mas pronto para enfrentar a situação.

A pequena carruagem do padre estacionou. Para espanto do farmacêutico, o valente padre trazia sangrando a mão esquerda e, com expressão de dor, foi logo falando:

"Schutel, eu preciso que você me faça um curativo na mão. Acidentei-me na estrada e está sangrando muito."[56]

Acostumado a vir caçando no caminho de Araraquara até Matão, apoiando no cano da espingarda com uma mão e a outra com o dedo no gatilho, um barulho na mata teria assustado o cavalo e provocado o solavanco que fez disparar acidentalmente a arma, ferindo a própria mão.

Cairbar prestou o auxílio necessário, ofereceu uma taça de vinho do Porto ao vigário e ficaram conversando pelo resto da tarde.

Padre Cezarino hospedou-se na cidade e, no dia seguinte, ainda passou na farmácia para um novo curativo. Cairbar teria conquistado a amizade do influente padre, mas cada um irredutível em sua crença. Tempos depois, Padre Cezarino presentearia Cairbar com uma Bíblia Latim-Português. Cairbar teria presenteado o religioso com o livro *Deus na Natureza*, do francês Camille Flamarion.

---

[56] MONTEIRO, Eduardo Carvalho; Garcia, Wilson. *Cairbar Schutel: o Bandeirante do Espiritismo*. 2. ed. Matão-SP: O Clarim, 2009. p. 53.

Dois seres humanos convictos, divergentes em seus ideais religiosos, mas com algo em comum: a verdadeira fraternidade, acima dos rótulos e das convenções limitantes.

Entretanto, nem todos tinham a mente aberta para admitir sequer a existência dos preceitos espíritas.

Em junho de 1904, assumiu a paróquia de Matão o Padre João Baptista Van Esse que, ao tomar conhecimento do grupo espírita na cidade, manifestou o firme propósito de acabar com o Espiritismo naquela localidade.

Van Esse também era um padre destemido. Suas histórias de desavenças não param em Cairbar Schutel. Ficaram muito conhecidas as brigas do padre com o Dr. Martins Valverde, relacionadas ao terreno destinado à igreja, mas suas intrigas com o proprietário não saíram do âmbito político e administrativo.

Os sinais mais evidentes da implicância do padre contra o Espiritismo apareceram já no primeiro ano de sua chegada. O único jornal da cidade, na época, chamado *Município de Mattão* ou simplesmente *O Mattão*, fundado pelo Padre Dom Antonio Faccin, no ano de 1900, passou a publicar artigos com ofensas pessoais a Cairbar Schutel. O tom era agressivo e grosseiro e não poupava nem os componentes do grupo.

A situação se complicou quando o padre passou a levar o assunto para as missas. Além de proibir os fiéis de frequentarem as reuniões espíritas, desaconselhava-os a comprar na farmácia de Schutel.

O desafio estava lançado.

Capítulo 14

Fincando bases

Entra o ano de 1905.

O grupo se reunia costumeiramente na casa de Quintiliano. Para melhor organizar os trabalhos, as reuniões passaram a ser registradas num livro de atas, no qual eram anotados os nomes de todos os presentes, bem como as conversas com os Espíritos.

As comunicações eram curiosas:

> Casa de Quintiliano José Alves
> Sala das sessões 21 de janeiro de 1905

> Tendo o irmão Quintiliano J. Alves oferecido uma sala para efetuar-se as sessões do grupo, reuniram-se os Srs. Quintiliano José Alves, Calixto N. Oliveira, Gregório Perches de Menezes, Manuel Pereira do Prado, Manoel Bittencourt, Antonio de Moura Filho, Augusto Gonzaga e Cairbar de Souza Schutel e deu-se começo aos trabalhos.

> Depois das preces do estilo e sob a invocação do médium Calixto N. Oliveira, o Espírito assinalou sua presença

e manifestou-se por meio da escrita: disse ser o Espírito de Antonio Calixto, filho do médium, e disse ser vivo e estar dormindo na presente ocasião e que vinha dar a notícia do falecimento de Anna Rodrigues de Camargo no dia 6 de janeiro. Dada a palavra aos presentes, o irmão Quintiliano disse ser sua sobrinha [...]

Manifestou-se o Espírito de Manoel Antonio da Fonseca e disse ter-se manifestado com o fim de obter do senhor Manuel Bittencourt perdão de uma dívida. Disse ser dívida particular, ou por outra, dinheiro que pediu emprestado. Obtido o perdão, o Espírito disse considerar-se muito feliz [...].

Nesta ocasião, o Sr. Schutel teve um chamado para ir ver uma doente e, pedindo desculpas ao portador por não poder ir (eram 10 e meia da noite), receitou de acordo com a exposição da moléstia e mandou o portador que mandasse aviar o remédio tomando novamente o assento perto da mesa. O médium continuou o trabalho e o mesmo Espírito escreveu:

"Não desprezeis os pobres que sofrem".

O Sr. Schutel, pedindo permissão, perguntou se devia aceitar aquela máxima para si, visto ter-se escusado de visitar a doente, e obteve a resposta: "Sim".

Pedindo o Sr. Schutel uma receita mais apropriada para a moléstia do que a que deu, o Espírito escreveu: "Vou-me embora. Adeus"[57].

Na reunião de 28 de janeiro de 1905, os Espíritos comunicantes pedem missas. O grupo, já acostumado com o pedido, não mais encomendava missas nem acendia velas. A resposta ao pedido de missa era a oferta de preces, por exemplo, cinco

---

[57] Livro de Atas do Grupo Espírita Amantes da Pobreza

pai-nossos e cinco ave-marias, o que era comumente aceito pelos Espíritos.

O Padre Van Esse continuava espalhando artigos com impropérios a respeito de Cairbar Schutel e de seu grupo, o que não deixava de servir como propaganda.

Agora, o material de Van Esse era distribuído não somente para o jornal *O Mattão*, mas para todos os periódicos do Estado que tivessem ligação com a Igreja Católica, que não eram poucos.

Impossibilitado de se defender, Cairbar contatou o amigo Francisco Velloso, espírita residente em Taubaté (SP), que imprimia o jornal anarquista *O Alvião*. O editor desse jornal era Ernesto Penteado, também espírita, mas ligado à política. Os confrades se propuseram a ajudar o espírita matonense e aceitaram o desafio de imprimir um jornal quinzenal para ser distribuído em Matão, com temática espírita.

Paralelamente, o grupo decidiu formalizar a criação do grupo espírita. Nas reuniões, sempre pediam aconselhamentos para os Espíritos:

> Casa de Quintiliano J. Alves – 17 de junho de 1905
>
> [...] Pelo irmão Schutel: O que nos diz da perseguição que intentam mover-nos?
>
> Médium: Não pode haver glória sem trabalho e sem sacrifício, mas Deus é poderoso e nada poderá acontecer; ele vela por tudo. [...]
>
> Deus nos há de ajudar sempre, não vos importeis com as perseguições porque Jesus Christo foi perseguido, mas não foi vencido[58].

---

[58] Idem

Cairbar enviava o material escrito sobre o Espiritismo para a tipografia do jornal *O Alvião*, em Taubaté. O conteúdo da primeira edição deveria preencher duas páginas.

O nome do boletim não poderia ser mais expressivo, já que era criado com o objetivo de responder à Igreja: *O Clarim*. Em se tratando de um instrumento de sopro, muito usado pelos militares, graças ao seu timbre claro e estridente, *O Clarim* surgia para defender os conceitos espíritas e a imortalidade da alma.

A previsão do lançamento seria para o mês de agosto. Antes, porém, Cairbar desejava fundar o grupo para que ficasse tudo dentro da lei, tendo o jornal como seu porta-voz.

Marcaram a fundação para o dia 15 de julho de 1905. Um dia antes, o grupo ainda consultava os Espíritos e pedia suas presenças na data da inauguração:

Dia 14 de julho de 1905

[...] Pelo médium Gregório: Deixai que as perseguições vos cheguem, pois tendes de passar todos esses dissabores. Deus vos designou para sofrerdes tudo isso; tende confiança em Deus que chegará o momento em que eles se arrependerão do mal que estão praticando; não desanimeis, já vos disse na sessão passada. Quem não passar por esses dissabores, Deus não recompensará. Tende paciência e prossegui na tarefa, que ganhareis a bem-aventurança – Não vos esqueçais de meus conselhos, pois são partidos do coração. Antonio.

Convidado para comparecer à instalação do grupo, disse:

"Comparecerei sem falta nos vossos trabalhos, pois sempre estarei ao vosso lado. Todos incorporados muito se fará em prol da causa. Convidá-los-ei, e eles muito hão de apreciar. Lembrai-vos deles. Antonio[59].

No dia seguinte, compareceram todos os componentes e simpatizantes do grupo.

A diretoria ficou assim composta:

Ata da instalação do Grupo Espírita Amantes da Pobreza:

Presidente: Manuel Bittencourt; Vice-Presidente: João Rosa Pereira e Silva; Tesoureiro: Calixto Nunes de Oliveira; Secretário: Cairbar Souza Schutel. Para membros do Conselho Fiscal: Gregório P. de Menezes, Manuel José Amorim, Quintiliano José Alves[60].

A Espiritualidade também esteve presente na cerimônia de fundação. Os médiuns iam registrando as mensagens de apoio e solidariedade:

Pelo médium Gregório

Compadecei-vos de vossos inimigos, pois tendes obrigação de sofrer o que vos fazem. Não tenhais raiva dos que vos escarnecem, antes orai por eles, esses serão os teus primeiros amigos no além-túmulo. Sede misericordiosos para com os pobres, eles rogarão a Deus por vós.

Não vos esqueçais dos coitadinhos, porque eles vos coadjuvarão na santa causa de Jesus.

Teus amigos Antonio e Paulo[61].

---

[59] Livro de Atas do *Grupo Espírita Amantes da Pobreza*

[60] Livro de Atas do *Grupo Espírita Amantes da Pobreza*

[61] Idem

Estava fundado o grupo *Amantes da Pobreza*[62], cujo nome já deixava claro o amor pelos seres marginalizados, os párias sociais, pobres e estropiados do corpo e da alma; aqueles que, conforme os ensinos de Jesus, deveriam ser convidados para o banquete. Em uma sociedade na qual os desprovidos de fortuna e prestígio valiam menos que um animal de carga, raro era o trabalho dos que viam nos homens, de qualquer classe social, acima de tudo, irmãos perante Deus. Os espíritas de Matão ganham um grupo de estudos, e os pobres não demorariam a reconhecer a paternidade de Cairbar.

Compor uma diretoria de um Centro Espírita não seria tarefa fácil. Nos últimos capítulos do *O Livro dos Médiuns*, Allan Kardec relacionou instruções e dicas para se criar uma sociedade espírita em bases sólidas, ciente das dificuldades próprias do ser humano.

Embora escrito no século XIX, as palavras de Allan Kardec eram válidas para Cairbar, e não é exagero dizer que ainda valem na atualidade:

> O Espiritismo, que apenas acaba de nascer, é ainda muito diversamente apreciado, muito pouco compreendido em sua essência por um grande número de adeptos, para oferecer um laço poderoso entre os membros do que se poderia chamar uma associação. Esse laço não pode existir senão entre aqueles que lhe veem o objetivo moral, o compreendem e *o aplicam a si mesmos*. [63]

---

[62] O nome do Centro foi alterado, no ano de 2001, para *Centro Espírita O Clarim*. A razão social *Amantes da Pobreza* criava dificuldades entre clientes e instituições financeiras.

[63] KARDEC, Allan. Das Sociedades propriamente ditas. In: *O Livro dos Médiuns*. IDE Editora

Observando a composição da primeira diretoria do grupo espírita e considerando o protagonismo de Cairbar Schutel, seria ele a pessoa mais indicada para assumir a presidência do grupo. Mas, sábia e generosamente, Schutel teria incentivado outros companheiros próximos e de sua confiança para os cargos diretivos de maior relevância. Para Cairbar, a secretaria, cargo de quem muito trabalha, estava de bom tamanho.

Parecia muita coisa fundar um grupo espírita no dia 15 de julho de 1905 e um jornal no mês seguinte?

Para Cairbar, não era.

No meio de tantos acontecimentos, Schutel aproveitou para regularizar o seu estado civil. Apesar de viver, já por alguns anos, com Maria Elvira da Silva, desejava formalizar, perante a lei dos homens, sua situação conjugal.

Maria Elvira, a Mariquinhas, nasceu em setembro de 1870 na cidade de Brotas (SP), mas sua família vivia em Itápolis, onde Cairbar viveu por um tempo.

Antes de Cairbar, Mariquinhas viveu um romance que não deu certo. Além de abandonada, ficou malfalada na cidade – era comum as mulheres se tornarem difa-

Maria Elvira da Silva Schutel, Mariquinhas. A parceira de sempre (Acervo O CLARIM)

madas por qualquer coisa naquela época. Assim, além de oficializar o casamento, Cairbar fez questão de que a cerimônia fosse realizada no cartório da cidade de Itápolis, de onde Mariquinhas tinha saído totalmente desacreditada pela família e pelo povo.

O respeitado farmacêutico de Matão queria mostrar a todos daquele lugarejo que aquela mulher digna e respeitada estava se casando com um homem de bem e que a amaria por toda a vida. Essa prova de amor Mariquinhas nunca iria esquecer.

No jornal *O Clarim*, de 15 de setembro de 1905, uma nota divulgou o acontecimento:

> O nosso confrade Cairbar de Souza Schutel realizou, no dia 31 de agosto passado, o seu enlace matrimonial com a Exma. Sra. D. Maria E. da Silva Schutel. Serviram de testemunhas a Exma. Sra. D. Estephania Rezende, Dr. Marcondes Rezende, Dr. Josino de Quadros e João Rosa B. e Silva.
>
> É desnecessário dizer que o fato foi meramente civil.
>
> Coerente na Doutrina que professa, o nosso confrade não regateia esforços para mostrar a sua dedicação à Causa que com tanta abnegação tem defendido.
>
> Rogamos ao Bom Pai Misericordioso baixe sobre o feliz par suas bênçãos[64].

---

[64] O CLARIM. Matão-SP, 15 set. 1905. p. 4.

Capítulo 15

Toca a trombeta

No mês seguinte à criação do grupo *Amantes da Pobreza*, em 15 de agosto de 1905, saía a primeira edição do jornal *O Clarim*, com a modesta tiragem de 200 exemplares.

Os textos intitulados "Profissão de Fé" e "Espírito Consolador" estampavam a primeira página. Estas seriam as primeiras clarinadas do periódico. Agora, o grupo tinha um órgão de divulgação.

Cairbar assinava a revista espírita *Reformador* e estava sempre atento às matérias interessantes, que reproduzia no jornal, bem como às novidades literárias sobre as experiências envolvendo Espíritos.

Era difícil imprimir o jornal em cidade tão distante. Taubaté fica a mais de 400 km de distância de Matão. Um idealismo sem limites movimentava aqueles espíritas impulsionados por muita coragem e determinação.

Para fazer jus a tanto trabalho, logo que chegavam os pacotes com uma nova edição do jornal, Cairbar levava consigo alguns exemplares e, por onde ia, entregava a todos que encontrava.

Um ponto que se tornou estratégico para a distribuição do jornal *O Clarim*, desde seu início, foi a estação ferroviária de Matão. Situada numa considerável altitude, dava para ver todo o centro da cidade.

Não dava para acertar o relógio pela pontualidade dos trens, mas eles obedeciam mais ou menos o horário anunciado.

O trem se aproximava. Os sons da natureza que predominavam naquela redondeza eram substituídos, durante alguns instantes, por uma orquestra que iria passar sobre trilhos. A melodia ritmada daquela máquina a vapor ia aumentando, acercando-se. Uma densa nuvem de vapor delineava o percurso de chegada da composição. Passageiros na plataforma se inquietavam. Os trilhos manifestavam o peso da locomotiva, emitindo um ruído característico pelo atrito entre ferros, como se fosse um guerreiro afiando sua espada.

Estação Ferroviária de Matão

Não bastasse tudo isso para chamar a atenção, apelidada de *Maria Fumaça*, a locomotiva ainda emitia um apito estridente. Pássaros revoavam. Lá estava ela despontando por entre a mata, trazendo passageiros, cargas e sonhos. O caipira segurou o chapéu, o cavalheiro deu a última tragada e apagou o cigarro, a mulher agarrou fortemente a mão da criança, encantada com a espaçonave que tomava conta da plataforma.

Para Cairbar e seus colaboradores, com vários exemplares de *O Clarim* nas mãos, acabava de chegar a esperança de levar as ideias espíritas para toda a redondeza, fruto de um amor incondicional pela verdade e pela justiça.

A distribuição de jornais nos trens seria uma atividade prazerosa e corriqueira para Cairbar enquanto estivesse encarnado.

Além de presentear cada passageiro com um exemplar, ele ainda colocava jornais nos assentos vazios. Quem se recusaria a receber algo de uma pessoa tão educada e elegante como Cairbar?

No dia de finados ou dia dos mortos, Schutel mandava imprimir quantidade considerável de jornais para distribuir no cemitério, juntamente com seus confrades.

Na edição do dia 1º de novembro de 1905, os temas do jornal eram "Pluralidade dos Mundos Habitados" e "Um só Rebanho e um só Pastor", trazendo conceitos de Allan Kardec sobre o Espiritismo e alertando para a elevação do ser humano acima dos templos - leia-se Igreja Católica -, bem como uma comunicação do Espírito de um padre francês intitulada "Finados". Um artigo com as "Invenções da Igreja", no qual criticava a criação de alguns costumes como o acendimento de velas, as indulgências e outros, respondendo, de alguma maneira, aos ataques dos padres.

Alfinetado pelo jornal espírita, que ameaçava o rebanho de fiéis matonenses, padre Van Esse não deixava por menos. Criticava em suas homilias o conteúdo que considerava uma verdadeira afronta à Igreja. As missas se tornariam verdadeiros palanques que serviriam para difamar a nova doutrina.

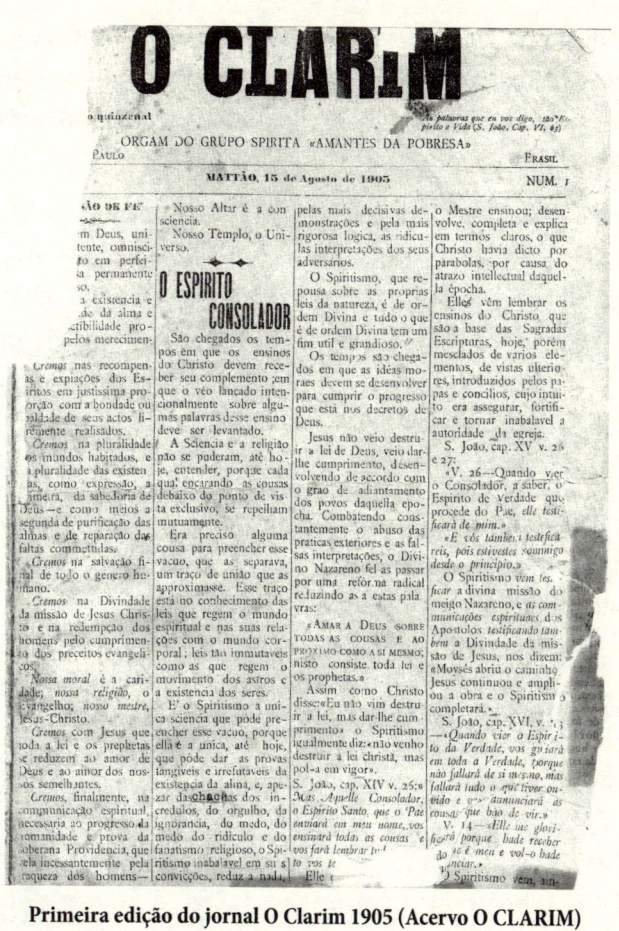

Primeira edição do jornal O Clarim 1905 (Acervo O CLARIM)

Cairbar, do lado de fora da igreja, registrava as afrontas do padre, que teriam resposta na edição seguinte do jornal *O Clarim*.

O grupo prosseguia estudando e desenvolvendo-se. O jornal continuava, com poucos recursos, em publicações quinzenais. Quem quisesse assinar poderia fazê-lo ao preço de 2$000 (dois mil contos de réis) por trimestre.

O jornal espírita *Aurora*, da cidade de Pontal (MG), em

sua edição de 26 de novembro de 1905, exibiu um telegrama enviado pelo padre Van Esse à imprensa criticando o grupo espírita e, em seguida, havia o comentário do jornal, em favor de Cairbar:

VÍTIMA DO ESPIRITISMO...

MATÃO, 11 – O chefe da estação de Ribeirãozinho [atualmente Taquaritinga-SP] enlouqueceu esta noite numa sessão magna de Espiritismo, realizada na casa de Cairbar Schutel.

Em nome das famílias católicas, peço a intervenção dessa folha junto ao íntegro dr. chefe de polícia no sentido de ser aplicado contra quem de direito o art. 157 do Código Penal, a fim de preservar as famílias de maiores desgraças. Vigário da paróquia. (Do São Paulo, de 12-11-1905).

Esta notícia transmitida pelo telégrafo vai correr mundo abrigando-se em dezenas de colunas de jornais de propaganda católica ou a ela afeiçoados.

Já escrevemos ao nosso caro irmão e apreciado colaborador Cairbar Schutel, redator do valente quinzenário *O Clarim*, órgão do grupo espírita *Amantes da Pobreza*, da Vila do Matão.

O Sr. Padre Van Esse, vigário daquela freguesia, não pode ser tomado muito a sério em questões que se prendem à ciência espírita, porquanto, conhecendo a força do Sr. Cairbar, não o vê com bons olhos[65].

Na edição de 3 de dezembro de 1905, o jornal *Aurora* presta mais esclarecimentos sobre o caso:

O chefe da estação de Ribeirãozinho não assistiu a

---

[65] AURORA, Pontal (MG), 26 nov. 1905.

nenhuma sessão do Espiritismo. Ele veio dessa localidade para a Vila do Matão já com o Espírito conturbado.

Tanto foi assim que, em Ribeirãozinho, num dos seus acessos, cortou o cabelo de sua esposa, matou um gato, cujos intestinos enrolou ao pescoço.

Achando-se na Vila do Matão o nosso velho amigo Prof. Trigo com sua gentil filha, médium sonâmbula, para lá conduziram o Sr. João Baptista de Camargo a ver se o curavam por meio do Espiritismo.

Esta é que é a verdade maldosamente invertida pelo celebérrimo Padre Van Esse, que, dum modo indigno, procurou comprometer o nosso caro irmão Cairbar Schutel mandando ao São Paulo, órgão de sua grei, aquele telegrama tão espalhafatoso quão falso, nojentamente falso.

São quase todos assim esses senhores de roupela: quando não nos podem ferir à luz do dia, ocultam-se nas trevas e, do seu seio, nos dão assaltos[66].

Ainda na mesma edição:

As clarinadas do jornal matonense continuavam anunciando as verdades da imortalidade, e incomodava...

AJUDAM NA PROPAGANDA!

Do Alvião n. 37 de Taubaté, E. de São Paulo, tiramos a seguinte notícia, que bem mostra quanto é difícil lutar contra o Espiritismo, porque todos que tentam hostilizá-lo, tornam-se seus propagandistas. Diz o citado periódico:

"Cartas vindas do Matão nos autorizam a declarar que sendo o sr. Cairbar Schutel intimado a dispensar os membros do grupo Amantes da Pobreza, resistiu a essa ordem ilegal, requereu habeas-corpus preventivo e convidou o Sr. Delegado de polícia, moço delicado e sensato, a assistir a uma sessão de espiritismo, a fim de poder fazer um juízo exato sobre esses trabalhos.

Aceitou o convite o jovem delegado e ficou tão bem impressionado pelo que viu e ouviu, que prometeu frequentá-la assiduamente..."

Jornal AURORA, Pontal (MG), 3 dez. 1905

---

[66] AURORA, Pontal (MG), 3 dez. 1905.

CAPÍTULO 16

O Clarim suspenso

As perseguições minavam Cairbar Schutel e o grupo a tal ponto, que foram inevitáveis as repercussões na farmácia. Vendas caindo e doentes surgindo. Porém, Cairbar não deixava de atender aos pobres por causa disso.

Ao passo que a maioria dos periódicos era distribuída gratuitamente, o valor das assinaturas do jornal era insignificante e não permitia gerar novas edições. Em contrapartida, as despesas com o correio Matão – Taubaté – Matão eram muito altas.

Em janeiro de 1906, em reunião extraordinária, o presidente do grupo, Manuel Bittencourt, desligou-se da presidência do *Amantes da Pobreza,* alegando ter que se retirar da cidade por necessitar matricular suas filhas, Laura e Maria Amélia, na cidade de São Paulo, no Colégio de D. Anália Franco, como consta na edição do jornal de 1º de fevereiro de 1906.

Cairbar assumiu a presidência do grupo, tendo como secretário Gregório Perches de Menezes, tesoureiro Calixto Nunes de Oliveira e um conselho formado por José Maria Gonçalves, Quintiliano José Alves e Manuel José Amorim.

Por conta das dificuldades, a partir de janeiro, as edições do jornal passaram a ser mensais, com quatro páginas.

A edição do mês de março de 1906 parecia toda dedicada ao Padre Van Esse. No artigo "Espiritismo e os padres", Cairbar fala diretamente sobre os ataques do vigário de Matão. Na página seguinte, publica artigos com os temas "O Ódio, A Inveja, A Benevolência", e outro também sobre Van Esse com a temática "Excomunhão". Na página três, publica parte de interessante discurso de um bispo discorrendo sobre a "Infalibilidade do Papa", criticando duramente o papado; e, na última página, os temas "Satanás, Aparições Luminosas, Assistência aos Necessitados e Egoísmo".

É possível que o Padre Van Esse tenha lido cada linha desse jornal e assimilado todo o conteúdo como uma afronta pessoal, porque o episódio que veio a seguir constou na maioria das biografias de Cairbar Schutel.

Aproveitando a época da Paixão de Cristo, Cairbar convidou o público a participar de palestras com temática espírita proferidas por ele mesmo, marcadas para a quinta e sexta-feira santas.

Van Esse prepararia uma surpresa para o grupo espírita, convocando fiéis para uma dura batalha que se iniciaria com uma procissão e terminaria com uma investida contra o Centro Espírita.

A notícia publicada no periódico espírita *Aurora*, de 24 de abril de 1906, originalmente dizia:

> Escreveram-nos da Vila do Matão:
>
> Eis novamente em cena o padre João B. Van Esse, o inconsciente propagandista do Espiritismo.

Com o intuito de comemorar dignamente a Paixão do Divino Mestre realizou-se quinta e sexta-feira, chamadas santas, uma festa de Caridade, distribuindo o Grupo desta localidade: gêneros, cobertores e roupas a quinze pobres. Foram também distribuídos gratuitamente 60 Evangelhos e 300 números d'*O Clarim*, que circulou com oito páginas em edição especial.

Duas conferências públicas tiveram lugar na sala do Grupo, sendo que a de quinta-feira alcançou o desiderato almejado.

Eram 8h30 da noite, falava o conferencista, relembrando os ensinos do Divino Mestre. Achavam-se reunidos no Grupo oitenta e tantas pessoas, sendo que grande parte espíritas e outras tantas simpáticas à Doutrina. De repente, uma vozeria monótona e soturna pretendia interromper os nossos trabalhos. Uns fluidos pesados e ofegantes tentavam penetrar no lar que glorificava Jesus. Era o padre Van Esse acompanhado de uma turba inconsciente e fanática, que viera com o firme propósito de dissolver a nossa reunião.

O padre, farisaicamente trajado; vestido com peles de cordeiro, empunhava enorme rosário, vociferava, gesticulava e, acompanhado da turba ignara de archotes acesos, procurava a Verdade para crucificá-la. Ruídos, sons lúgubres tentavam abafar a voz daquele que rememorava o crime nefando do cenário da Palestina. Jesus, porém, não consentiu que a sua palavra fosse sufocada pelo espírito do erro. O conferencista elevou o tom da voz, os ouvintes concentraram-se e a confusão apoderou-se dos inimigos da Luz.

Os comediantes postaram-se em frente ao grupo, o padre exorcisava espargindo água benta, e as suaves palavras de amor, de caridade e de humildade partidas dos lábios do conferencista ofuscaram a hipocrisia e o ouro que constituíam a vestimenta do falso apóstolo. Os perturbadores confundidos pelo som de um apito providencial que partiu do lado da rua fugiram espavoridos. O porta-bandeira, que é o que trazia uma grande cruz vestida de saia vermelha, abandonou o seu posto, a cruz, despiu a ópa [veste específica para cerimônias religiosas] às pressas – e em desabrida desceu a Avenida 2. Pobres mulheres e crianças subiram a mesma avenida para ganhar a Rua 7 à toda carreira. O padre encaminhou-se para a Rua 5 a passos largos e, acossado pelo padecimento do remorso que cauterizava sua consciência, fugia de sua própria sombra, balbuciando Ave! Ave! Ave Maria apressava-se em demanda de sua sinagoga.

Oh! Deus, como sois misericordioso, como sois justo! Os Vossos filhos ingratos que se reuniram para relembrar os mártires do Vosso Filho Amado, não mereciam tantas graças, mas o Vosso Santo Nome e o daquele que tanto amor nos dedica precisava ser glorificado para que a população desta localidade conheça que existe um só Deus Verdadeiro e um só Mestre e Intermediário entre Vós e os homens, que é o Cristo que Vós nos enviastes (D'*O Alvião*)[67].

Consta nas biografias de Cairbar que o apito referido na notícia acima seria do Dr. Abel Fortes, que, além de advogado, era respeitado chefe político que residia nas proximidades. Sua esposa estaria convalescendo de um parto, e o grupo barulhento teria aborrecido o advogado, que, exaltado, subiu num muro e ameaçou o povo presente. Assustados, fugiram em disparada.

A edição especial de *O Clarim*, de abril de 1906, composta de oito páginas, mencionada na notícia acima, seria a última

---

[67] AURORA, Pontal (MG), 24 abr. 1906.

publicada naquele ano. Os problemas pareciam ter vencido o pequeno órgão de divulgação do Espiritismo na região. Alguns meses se passaram sem que fosse publicada uma página do periódico matonense.

Na página 93 do Livro de Atas do grupo, datada de 30 de dezembro de 1906, o grupo deliberava, por sugestão dos Espíritos, continuar a publicar o jornal *O Clarim* mensalmente. Porém, não existe qualquer sinal de que alguma edição tenha saído do prelo naquele período.

Somente no ano seguinte, em 15 de maio de 1907, o periódico retornou com o seguinte editorial:

> Motivos que falaram mais alto que a nossa vontade obrigaram-nos a interromper a publicação de *O Clarim*, mas os obstáculos tendem a desaparecer e a enorme falange de Espíritos luzeiros da Verdade nos dizem: "um novo arranco na senda do Dever, na Estrada do Progresso, em busca da Verdade", e essas vozes sublimes instigando-nos a tomar parte no combate da Luz contra as Trevas, do Amor contra o Ódio.
>
> Que o Bondoso Criador nos envie os instrumentos preciosos para o labor que, por sua Infinita Misericórdia, nos for concedido[68].

O órgão de divulgação do Espiritismo do Grupo *Amantes da Pobreza* estava de volta, com quatro páginas, em edições quinzenais, agora impresso pela Tipografia do Jornal *O Mattão*, que não era mais dirigida por padres.

Em junho de 1907, após inspirar a criação do jornal *O Clarim* e lutar pela dissolução do grupo espírita, Padre Van Esse

---

[68] O CLARIM, Matão-SP, 15 maio 1907.

deixa de ser o vigário de Matão, sucedendo-o o Padre Paschoal M. Quércia.

No mês seguinte, o grupo se reuniu e se cotizou a fim de manter o contrato de impressão do periódico, agora com a Tipografia do *Jornal de Notícias de Araraquara,* até o mês de dezembro daquele ano.

O jornal reaparecia com novo fôlego.

Padre Van Esse não fazia falta, afinal, surgiam opositores do Espiritismo a todo o momento. Na edição de 15 de julho, Cairbar respondia ao Monsenhor Nascimento e Castro, novo combatente do Espiritismo pelo *Jornal São Paulo.*

Em meados de 1908, Van Esse transferiu sua residência para Araraquara, mas não sem antes ir se despedir de Cairbar.

– Schutel, brigamos, e nenhum logrou convencer o outro. Eu, entretanto, estou convencido de que você é um homem de bem...

– Pudera! Não fosse eu espírita...

– ... sincero na sua crença.

– Claro. Não defendesse eu a Verdade!...

– A Verdade penso estar comigo. Mas não discutamos agora. Vou deixar Matão. Não quero levar nem deixar ressentimentos.

– De mim não haverá nenhum, porque o espírita perdoa sempre.

– Perdoemo-nos um ao outro, os nossos excessos.

– Por mim, tudo desculpado, embora os excessos não partissem de mim...

– E fiquemos bons amigos.

– Bons amigos e irmãos em Cristo, embora cada um O procure por caminho diferente.

– Você é um homem de bem. Por isso vim despedir-me de você[69].

Em *O Clarim*, de 1º de setembro de 1908, Cairbar publicou a seguinte nota sobre Van Esse:

Transferiu sua residência para Araraquara o nosso amigo, rev. Padre João B. Van Esse.

Oxalá as luzes acumuladas em seu Espírito, após tantas polêmicas religiosas, irradiem-se à população da velha cidade de São Paulo.

Aceite, senhor, os nossos augúrios de uma felicidade espiritual intérmina[70].

O ex-vigário de Matão ainda apareceu posteriormente: o *Jornal do Ceará*, de 10 de agosto de 1910, noticia, em primeira página, a palestra do espírita Dr. Vianna de Carvalho contestando os argumentos apresentados contra o Espiritismo pelo Padre Van Esse.

O padre também figurou nas páginas d'*O Clarim*, na edição de abril de 1917, dessa vez atuando na cidade de Itobi (SP), 186 km de Matão. Folhetos de sua autoria teriam sido distribuídos naquela cidade e não deixariam de receber pronta resposta do veterano Cairbar.

Van Esse se mudou para o Rio de Janeiro. Em 1919, o jornal carioca *A União* publicou uma nota em primeira página criticando a divulgação de textos de autoria de Van Esse relacio-

---

[69] MONTEIRO, Eduardo Carvalho; GARCIA, Wilson. *Cairbar Schutel: o Bandeirante do Espiritismo*. Matão-SP: O Clarim, 2009. p. 62.

[70] Idem. p. 63.

nados a textos bíblicos, agora envolvendo os protestantes. Por fim, o jornal católico *A Cruz,* de 1º de julho de 1928, noticiou a morte do padre belga João Batista Van Esse, ocorrida na Casa de Saúde Dr. Eiras, especializada em doenças nervosas e mentais. Segundo a nota, a "velhice avançada fora ultimamente agravada por pertinaz enfermidade"[71].

(Acervo BNDigital)

"As almas alimentam-se e vivem de amor e de Verdade; fora disso, sofrem e perecem."

(Espiritismo e Protestantismo, de Cairbar Schutel, Editora O Clarim*)*

---

[71] A CRUZ, Rio de Janeiro, 1º julho de 1928. Falecimentos. p. 2. (acervo BN-Digital)

CAPÍTULO 17

Divulgação a todo vapor

A CIDADE DE MATÃO SE DESENVOLVIA LENTAMENTE. EM 1909, foi construída a Cadeia Pública e inaugurado o serviço telefônico, que vinha da cidade de Araraquara.

A imigração italiana já começava a produzir os frutos da mão de obra especializada. Dentre os milhares de estrangeiros que foram morar no interior paulista, alguns se destacaram em suas profissões. Simples oficinas caseiras, que faziam consertos de carroças e implementos agrícolas, deram origem a impérios no setor agropecuário.

Foi o caso dos irmãos Basílio e Ferdinando Bambozzi, em 1910. De uma simples oficina na beira da estrada da *Boiadeira*, denominada "Irmãos Bambozzi", passaram a fabricar arados, carpideiras e equipamentos que facilitavam o cultivo do café. A empresa se desenvolveu e diversificou. Passando de pai para filho, criou uma indústria de aparelhos elétricos e hidráulicos de alta qualidade que atravessou o século XXI. Juntamente com outros italianos destemidos, que também fundaram empresas, transformou a cidade de Matão num polo do agronegócio de nível internacional.

Entretanto, não somente novas empresas surgiam. O posto dos correios da cidade crescia no ritmo do aumento das assinaturas do jornal *O Clarim*. Com o tempo, o posto seria promovido à agência do correio de Matão, graças ao volume de jornais distribuídos. Cairbar não brincava em serviço.

A Farmácia, sem a implicância dos padres, agora era respeitada e progredia. Chamava-se Farmácia Internacional Schutel & Cunha. Havia uma seção de homeopatia e também oferecia lentes, porque Cairbar fizera curso de prático de ótica.

Depois do início atribulado do jornal *O Clarim,* Schutel sentia-se mais fortalecido, apesar dos grandes desafios que ainda deveriam ser superados.

Defender as ideias espíritas por intermédio da escrita já era a especialidade de Cairbar. O jornal ia despontando como um baluarte da divulgação espírita. Não era qualquer periódico com esse perfil que sobrevivia à falta de recursos e de apoio, sem falar da energia contrária vinda dos tantos desafetos, às vezes, poderosos.

Cairbar era articulista do seu próprio jornal e ainda enviava material para outros veículos simpáticos aos espíritas.

Porém, àquela altura, divulgar apenas pela via escrita era pouco. Cairbar Schutel queria mais.

Ítalo Ferreira, fiel discípulo de Cairbar desde menino, lembra-se da primeira palestra realizada por Cairbar fora da cidade de Matão. Tendo aproveitado as preleções de estudos nas frequentes reuniões do grupo, Schutel estaria preparado para voos mais altos.

Na Semana Santa do ano de 1910, Cairbar, Mariquinhas, Antonio Alves de Oliveira, a médium D. Sinhá e Ítalo seguiram para Jaboticabal, que fica a aproximadamente 45 km da cidade de Matão. Metade do trecho via trem, outra parte via *trolley*, a tração animal. Chegaram na fazenda da família Bastos, próxima a Jaboticabal, onde se hospedaram. Naquela mesma tarde, visitaram o sítio Carretão, propriedade dos Volpe, onde Cairbar encontraria sua segunda família espiritual, tamanha simpatia desde o primeiro instante por aqueles seres. Na ocasião, de tão agradável e hospitaleira a acolhida, improvisaram um pequeno baile, em que até Cairbar tomou parte numa contradança.

No dia seguinte, seguiram em comitiva, a equipe de Cairbar, as famílias Bastos e Volpe, rumo à chamada "Cidade das Rosas", em Jaboticabal, por possuir praças e jardins cobertos por roseiras. Jaboticabal, fundada em 1828, também era região rica em fazendas de café.

Organizado no Teatro Arthur Azevedo – que depois se transformaria no Instituto de Educação Estadual Aurélio Arrobas Martins–, o evento teve plateia lotada. Palestraram o senhor Raul Silva, vindo de São Paulo, o menino Ítalo Ferreira, recitando o seu discurso de estreante e, em seguida, o confrade Antonio Alves de Oliveira, ex-protestante. Finalmente, foi a vez de Cairbar Schutel, que discursou sobre o Espiritismo com propriedade e entusiasmo. Suas palavras calaram fundo nos presentes, que aplaudiram o já conhecido propagandista da imortalidade da alma.

Segundo Ítalo Ferreira, essa também foi a primeira palestra espírita realizada na cidade de Jaboticabal.

Para Cairbar, além da alegria da divulgação do Espiritismo em Jaboticabal, o momento selou a ligação de amizade entre as famílias Volpe e Schutel. Nas palavras de Ítalo, o estreito laço de fraternidade:

[...] se prolongou para sempre, tornando-se o seio daquela família, o refúgio, no qual Schutel, quando cansado de lutas e decepções, ia fazer o seu repouso, o seu verdadeiro retiro espiritual, em visitas rápidas, para regressar reanimado[72].

Cairbar considerava os jovens Francisco, Pedro, João e Antonio Volpe como seus filhos diletos.

O então reconhecido orador Cairbar passaria a ser requisitado também para realizar palestras em outras cidades.

O jornal saía do prelo para as mãos de Cairbar, que despachava *O Clarim* para as mais diversas localidades, via correios. Em dia de palestra, o jornal seguia para a estação de trem e, dali, para as mãos de novos interessados, até a cidade destino, onde culminaria com a palestra do elegante divulgador do Espiritismo.

Por intermédio das cotizações dos participantes do grupo espírita, da venda de assinaturas e do muito esforço, foi possível a compra de um prelo usado para impressão do jornal. Era importante não mais depender das tipografias da região.

Por ausência de energia elétrica – que chegaria somente no ano de 1912 – as impressões eram feitas na base do pedal, página por página, num processo lento e com muitas dobraduras. Nos dias frios, e até durante as noites, acendiam pequenas fogueiras no chão batido, próximo à máquina e às tintas. Era perigoso sim, mas a impressão não podia sair com defeito.

As dificuldades materiais, todavia, não cessavam. Mesmo assim, *O Clarim* passou a ser publicado com frequência semanal a partir de janeiro de 1910. Para ajudar no orçamento, o jornal passou a dedicar a última página somente para publicidade.

---

[72] FERREIRA, Ítalo. *Manuscritos.* s/d. (acervo CCDPE)

O grupo sabia lidar muito bem com Espíritos de qualquer grau evolutivo, mas o *fantasma* da falta de dinheiro era algo que aterrorizava a manutenção do periódico matonense. Por vezes, Cairbar entrava nas oficinas muito preocupado, em lágrimas, dizendo que talvez aquele fosse o último número do jornal. Além dos problemas econômicos, havia muita burocracia para liberar o papel importado na alfândega do Rio de Janeiro.

No início de 1911, chegou pelos correios uma carta contendo um cheque de três contos de réis. O nome do remetente era Luiz Carlos de Oliveira Borges, da cidade paulista de Dourado (SP). Filho de José Luís Borges, Segundo Barão de Dourado, Luiz Carlos era assinante do jornal e, mesmo sem conhecer Cairbar, enviou generosa colaboração, que chegava num momento de extrema necessidade. Desde então, movidos por interesses em comum, formou-se uma amizade.

Daquele episódio em diante, eles passaram a se visitar periodicamente. A distância entre as cidades paulistas de Matão e Dourado é de aproximadamente 90 km.

Como bom empresário, Schutel montou uma equipe de representantes. Todos viajavam, promoviam assinaturas, faziam cobranças e ainda realizavam palestras espíritas por onde passavam. Antes de representantes, eram amigos de confiança de Cairbar.

Um dos mais expressivos desses representantes era João Leão Pitta. Português da Ilha da Madeira, veio para o Brasil com 16 anos, casou-se e teve 12 filhos. Pitta era um sujeito difícil de passar despercebido. Estatura mediana, barriga promissora e simpática, e uma barba que chegava ao meio do peito, daquelas que impunham sabedoria e respeito. Procurou o primeiro Centro Espírita na tentativa de curar a filha pequena, e conseguiu.

Conhecendo o Espiritismo em profundidade, passou a divulgá--lo, tornando-se requisitado palestrante. Sempre de passagem por Matão, gozava da simpatia e da amizade de Cairbar. Chegava com sua barba imponente, trazendo novos assinantes, histórias, notícias; levava jornais, alegria e muita disposição.

Outros espíritas e simpatizantes também escreviam artigos, além de auxiliar na aquisição de novos assinantes para o jornal. Admiradores do trabalho de Schutel colaboravam da forma que podiam.

Pedro de Camargo, amigo de Piracicaba, que era protestante, converteu-se ao Espiritismo e passou a escrever para o jornal, inicialmente com o pseudônimo de *Ex-Protestante*. Tempos depois, utilizaria o nome Vinícius.

O jornal continuava sua trajetória de divulgação, enfrentando polêmicas com padres, apontando falhas dos religiosos, publicando interessantes artigos e crônicas e noticiando as atividades dos espíritas em todo o Brasil.

Alguns assuntos eram tratados em partes, divididos em várias edições do jornal. Cairbar guardava o material que, posteriormente, transformaria em livros.

Os amigos da primeira hora, Quintiliano, Calixto, José Maria Gonçalves e Manoel Pereira do Prado, continuavam firmes ao lado de Cairbar. E seria sempre assim. Gregório Perche, mesmo morando numa fazenda, participava das reuniões quando podia. O Espiritismo havia modificado suas vidas, e para melhor.

CAPÍTULO 18

Polêmicas e o primeiro livro

AQUELE PRIMEIRO DECÊNIO DO SÉCULO XX FOI funda-mental na construção do novo Cairbar, o Cairbar espírita.

Ao conhecer o Espiritismo, parecia que todos os ensina-mentos contidos nas obras básicas espíritas já faziam parte de seu ser e que, na primeira leitura, foram reconhecidos, redes-pertados. Cairbar Schutel criou rapidamente uma sólida cone-xão com aquela nova doutrina. Das simples reuniões na casa de Quintiliano para a fundação do *Grupo Amantes da Pobreza* e da criação de um jornal, diante de tantas dificuldades, irradian-do os novos conceitos do Espiritismo para várias localidades do país, esses acontecimentos somente fortaleceram as convicções de Cairbar.

A divulgação começava a fluir, com suor e sacrifícios, e essa era a matéria-prima que alimentava Schutel, transfor-mando-o num divulgador preparado para enfrentar quaisquer contendas. Nada o intimidava diante das investidas contra o Espiritismo. Uma de suas principais características no cenário das questões religiosas era a de defender as ideias espíritas com maestria, palavra por palavra e opositor por opositor.

As controvérsias partiam, em grande maioria, de opositores católicos apostólicos romanos, mas havia opositores de outras linhas de pensamento.

O Professor Faustino Ribeiro Junior, paulista, nascido no ano de 1870, diplomado pela Escola Normal de São Paulo, foi um desses opositores. De tão expressivo, foi protagonista no primeiro livro publicado com autoria de Cairbar Schutel.

O livro *Espiritismo e Protestantismo*, publicado em 1911, foi fruto de um embate de ideias entre Cairbar Schutel e Faustino Ribeiro Junior. O primeiro, espírita; o segundo, protestante.

No ano de 1908, o cenário da peleja foi o jornal *O Alpha*, da cidade de Rio Claro (SP), no qual tanto Cairbar quanto Faustino faziam sucesso, cada um na sua área de atuação. Cairbar divulgando o Espiritismo; e Faustino com histórico de realizar curas com as mãos e abordar temas espirituais sob uma ótica bastante particular.

Desde 1903, Faustino se utilizava das páginas de *O Alpha* para esmiuçar temas como ocultismo, Cabala, Hierofantes no Egito, Evangelhos, Doutrinas Secretas, mas também Catolicismo, Maçonaria e ainda arriscava falar sobre os cientistas William Crookes[73] e Charles Richet[74] e as experimentações envolvendo a mediunidade.

O autor afirmava: "O que temos publicado neste jornal com o título *Divagando* [...] é o começo de uma obra volumosa

---

[73] William Crookes (1832-1919) foi um químico e físico britânico. Frequentou o *Royal College of Chemistry* em Londres. Realizou notáveis experiências mediúnicas com ajuda da médium Florence Cook, quando obteve as materializações do Espírito Katie King, que abalou o mundo científico da época.

[74] Charles Richet (1850-1935), médico e fisiologista francês, foi o fundador da Metapsíquica. Em 1905, era presidente da Sociedade de Investigações Psíquicas em Londres. Richet foi laureado com o Nobel de Fisiologia ou Medicina de 1913.

que temos prova – *Manual de Ciência Oculta,* prestes a entrar para o prelo"[75].

Ainda não existia rádio no Brasil, a televisão viria muitos anos depois e a internet seria um sonho ainda inalcançável. Dessa forma, quando escreviam um texto interessante no jornal, as opiniões relacionadas a ele iriam aparecer somente na edição seguinte do periódico.

Contudo, antes de entender o porquê da peleja, vale conhecer um pouco mais do digníssimo Professor Faustino.

Na década de 1890, Faustino atuou como funcionário público no cargo de inspetor escolar em Iguape (SP) e em Santos (SP). Na última década do século XIX, o então inspetor passou a executar *curas miraculosas* apenas com o uso das mãos.

Em 1901, Faustino já era perseguido pelo Juizado Municipal de Campinas (SP), pela acusação de exercer a medicina ilegalmente. A partir de então, peregrinou por outros estados com o mesmo propósito: curas com o simples toque das mãos – São Paulo, Rio de Janeiro, Minas Gerais, Bahia, Recife e Pará –, levando, em seu encalço, os jornais de cada localidade por onde passou, uns contra, outros a favor, e uma plêiade de doentes e estropiados das mais diferentes classes sociais, que buscavam a cura por intermédio daquele professor, apelidado de *teósofo, discípulo de Mesmer, sugestionador, doutor bota-mão,* uns mais, outros menos simpáticos.

Porém, ele não apenas praticava curas consideradas miraculosas. Faustino era presidente do Centro Ocultista Brasil Esotérico (RJ) e fundou um periódico denominado *A Iniciação,*

[75] O ALPHA. Rio Claro (SP), 4 mar. 1903. (CUSTÓDIO, José Carlos da Costa. Subsídios para a História do Espiritismo em Rio Claro: 1895 – 1995 Adendos. Produção do autor, Rio Claro, 2016)

revista de ciência oculta, que abordava assuntos relacionados a ocultismo, hipnotismo, espiritualismo, materialismo, dentre outros.

Amado por uns, odiado por outros, o *doutor bota-mão*, estatura regular, gorducho, bigodes cheios e fisionomia simpática, atendia centenas de pessoas por dia. Indiferente aos burburinhos, o professor cerrava os olhos, concentrava-se e fazia as aplicações de seus dedos sobre os órgãos afetados dos enfermos. Muitos se diziam curados, outros, mais ou menos.

Trechos da primeira página do *Jornal do Brasil* (RJ), edição de 29 setembro de 1899, intitulada "ASSOMBROSO! Forças desconhecidas. Fenômenos a estudar".

> Anteontem e ontem, continuou a grande romaria de doentes à casa do senhor Ribeiro Junior em busca de alívio para os sofrimentos do corpo. Ao meio-dia, era enorme a multidão estacionada nas proximidades da residência daquele senhor.
>
> Sabemos que pelo senhor diretor gerente da Ferro Carril Carioca foi oferecido ao senhor Faustino uma casa mobiliada e um carro em Santa Tereza. Também lhe foi oferecida uma fazenda em Juiz de Fora. O marechal Almeida Barreto mandou chamar o senhor Faustino, pondo um carro à sua disposição. Tem vindo grande número de pessoas dos Estados de Minas, São Paulo e Bahia, para curar-se com o senhor Faustino.

Alguns mais abastados o endeusavam diante da cura considerada milagrosa; outros, que não haviam recebido a cura, reclamavam do custo – denunciavam uma cobrança de até 50$000 (cinquenta mil réis) por consulta, independentemente do resultado.

Instituições o processavam por uso ilegal da medicina ou ainda por infrações da inspeção de higiene.

Até na Bahia, onde o Candomblé sempre sofreu intensa repressão por ser considerado feitiçaria, Faustino se sobressaia com suas curas.

Não se sabe como nem por que Faustino teria parado de viajar e de curar. Passou simplesmente a combater o Espiritismo, ao invés de estudá-lo para com-

Professor Faustino Ribeiro Junior. Equívocos envolvendo curas e negação do Espiritismo. (Fonte: O MALHO, RJ 28/10/1905 - Acervo da BNDigital)

preender a mediunidade de cura de que era dotado.

Em 1907, pouco antes das polêmicas com Cairbar, o Professor estava em São Paulo, onde há relatos de sua continuidade no serviço de inspeção escolar em bairros paulistanos, como Catumbi e Quarta Parada.

O livro *Espiritismo e Protestantismo* apresenta toda a polêmica publicada pelo jornal *O Alpha* nas várias edições daquele ano. Começando com a crítica de Faustino; seguindo pela contestação de Cairbar; intercalando em cada edição com ataques, em sua maioria, expressados com polidez; e respostas às vezes sutis, às vezes um tanto iradas, de cada interlocutor.

A seguir, trechos da primeira matéria publicada pelo Professor Faustino:

> A condenação da doutrina está na própria fenomenalidade, cujos agentes ocultos não podem ser, absolutamente, as boas almas. [...]

Por isso mesmo, depois de sofrermos as consequências da senda errada que trilhamos, pois, durante esse tempo, tudo nos correu mal na vida, vivemos num constante desassossego, saindo tudo ao contrário dos nossos desejos, acumulando-se sobre nossa cabeça toda sorte de sofrimentos, antepondo-se aos nossos passos toda sorte de obstáculos, sem paz de coração, sem tranquilidade de consciência; depois dessa experiência dolorosa em que vivemos, talvez, sob o domínio dos tais Espíritos que, muito habilmente, conseguiram perturbar e adormecer o dom que, em graça, nos foi dado de nascimento, fizemos um estudo apurado e consciencioso e chegamos a conclusões mais exatas. [...]

Não negamos a fenomenalidade, porque dela temos inúmeras provas; negamos, sim, a identidade dos agentes segundo a doutrina. [...]

Achamos que os espíritas de boa-fé andam errados, como nós já o andamos, por deficiência de conhecimentos. F. Ribeiro Júnior[76].

Na edição seguinte, Cairbar respondia, com a matéria intitulada "Em defesa da Verdade":

S. s. [Sua senhoria] apontou, de acordo com o seu modo de ver, a falsidade da Doutrina Espírita, mas esqueceu-se de aportar àqueles a quem convida renunciar a fé ou a crença no Espiritismo, a verdadeira Lei que, emanada do Criador, conduz-nos ao porto seguro da bem-aventurança eterna. O Prof. Faustino empregou todos os esforços para destruir em vez de edificar; esgotou os seus recursos intelectuais para demonstrar a falsidade da Doutrina dos

[76] SCHUTEL, Cairbar. *Espiritismo e Protestantismo*. 6. ed. Matão-SP: O Clarim, 1987. p. 5.

Espíritos; mas, com franqueza, assentes em uma base frágil se esboroam e dissipam como o próprio fundamento que por momento lhe serviu de amparo. [...]

Continua S. s. dizendo que "pode falar ex-cátedra porque durante alguns anos praticou a doutrina e até dirigiu diversos grupos". Isto não deve servir de base, porque conhecemos grupos espíritas que o são tão somente de nome e cujos diretores, ainda fanatizados pela doutrina de Roma, exigem culto externo e até imagens são adoradas por imposição desses irmãos que não querem ter o trabalho de estudar.

Queixa-se o ilustre professor que, enquanto se dedicou aos trabalhos práticos do Espiritismo, tudo lhe correu mal, vivia num constante desassossego, sem tranquilidade de consciência, etc., etc.

E natural, pois se S. s. não estudou como devia a Filosofia Espírita – não quis perder o seu tempo dedicando-se à parte teórica, como queria ter bons resultados unicamente com a parte prática que é verdadeiramente espinhosa?[77]

E, depois, de uma sucessão de esclarecimentos, Cairbar finaliza:

É impossível dizer mais em um artigo de jornal, e seria até fatigar a atenção daqueles que, desejosos de conhecer a verdade, leem e meditam sobre as justas considerações que antepomos como embargo à precipitada sentença do ilustre moço a quem temos a honra de responder. Cairbar.[78]

---

[77] Idem. p. 10.

[78] SCHUTEL, Cairbar. *Espiritismo e Protestantismo*. 6. ed. Matão-SP: O Clarim, 1987. p. 10.

No final da sequência de publicações, não havia ganhadores nem perdedores. O jornal cumpria o seu papel de formador de opinião; e cada leitor, dentro do seu entendimento, tiraria suas próprias conclusões, assim como você, leitor, convidado a ler na íntegra.

No mesmo ano de 1911, Cairbar publicou outro livro, *Histeria e fenômenos psíquicos,* dessa vez baseado num acontecimento envolvendo fenômenos de transporte de objetos, ocorridos com uma jovem, numa pensão na cidade de São Paulo, no ano de 1909. A situação rendeu ampla cobertura do jornal diário *Correio Paulistano,* entre os dias 13 e 21 de outubro daquele ano, repercutindo em várias interpretações de especialistas que não agradaram a Cairbar. Assim, ele aproveitou para abordar o assunto sob a ótica espírita.

Outras polêmicas inspiraram outros livros de Cairbar, pautados em suas convicções relacionadas à imortalidade da alma, mas também se destacou nos ensinos de Jesus e na interpretação de sua mensagem de amor.

CAPÍTULO 19

Crescendo com a cidade

O GRUPO *AMANTES DA POBREZA* JÁ POSSUÍA ESTATUTO e regulamento interno. Mantinha duas reuniões semanais – às quintas-feiras e aos sábados.

Independentemente dos obstáculos que enfrentavam, diante da carência de um serviço mínimo de saúde pública na cidade, o grupo decidiu fundar um hospital de caridade no dia 10 de março de 1912, numa casa arrendada pela própria instituição espírita. Com o apoio do médico e amigo Dr. Agripino Dantas Martins, iniciaram atendimento à comunidade carente, independentemente da raça e da crença. Seis vagas eram disponibilizadas para o atendimento indispensável. Além de medicamentos alopáticos, ofereciam homeopatia e, ainda, o tratamento magnético de passes, para aqueles que o permitissem. Os casos graves eram transferidos para Araraquara ou para onde fosse possível receber atendimento digno.

Havia extrema boa vontade, mas, para variar, faltava dinheiro. A ausência de verbas minava o serviço, porém a quantidade de doentes crescia. A favor do hospital, Cairbar comprometia todos os demais trabalhos, como a divulgação do Espiritismo, o atendimento na farmácia, as atividades espirituais e as demais frentes.

Somente no final daquele ano, a iniciativa de Cairbar encontraria eco na sociedade, que se mobilizaria para a construção de um hospital de maior porte, como se pode observar na edição de *O Clarim*, de 26 de outubro de 1912:

Pró-Hospital

Não foi sem formal promessa dos nossos Protetores Espirituais que nós empreendemos a iniciativa e a imediata fundação do Hospital de Caridade que, nesses curtos oito meses, vem prestando o seu amparo aos pobres enfermos e desvalidos, sem lar, sem pão, sem abrigo, nas expiações da dor, nas provas dos sofrimentos, que tinham de passar. Embora pobres e sem recursos para enfrentar as despesas, confiamos no tesouro da magnanimidade de Deus e lançamos os primeiros fundamentos nesse templo de Amor, certos de que outros nos secundariam na obra grandiosa para a qual concorríamos tão somente com a nossa boa vontade. E a nossa certeza começa a se converter em realidade: os ânimos matonenses se agitam em torno dessa obra de filantropia; já não são mais os espíritas que volvem as suas vistas para os que gemem e choram no catre da miséria, mas o sentimento do bem que faz pulsar os corações generosos instigando as almas a cumprimento do dever cristão. Queremos nos referir à reunião realizada no dia 17 do corrente no Club Mattonense e convocada pelo prestimoso Sr. Jose Antunes da Silveira, para o fim especial de auxiliar a manutenção do "Hospital de Caridade" e promover a fundação definitiva de um "Hospital de Misericórdia" nesta cidade, com mais amplas acomodações e conforto que a exiguidade dos nossos recursos não permitiu dotar a modesta Casa que o Centro Espirita vem mantendo.

Eram 8 horas da noite quando, atendendo o convite que nos foi enviado, tomamos lugar no salão em que se ia efetuar a reunião. Sob a presidência do Sr. Francisco Corrêa, diretor do Grupo Escolar desta cidade, secretariado pelo Sr. Professor Florestano Libutti, foi por aquele exposto o fim da reunião. Achavam-se presentes os senhores: Dr. Agrippino Martins, José Antunes da Silveira, professor Affonso Coelho, Antonio Coelho Junior, Gregório Perche de Menezes, Manuel Correa de Araújo, Addo Rodolpho Juvenal Moreira, Giaccomo Romanelli, Italo Ferreira e Miguel Murr. Foi aclamado um comitê, composto dos Srs. Prof. Francisco Correa, Prof. Florestano Libutti, Gregório Perche Menezes, José Antunes da Silveira e Addo Rodolpho, para promover uma reunião pública que se efetuará no dia 1 de novembro no salão do Paço Municipal a fim de organizar a Irmandade de Misericórdia e eleger a diretoria que tem de reger os destinos da sociedade, bem como comissões de senhores e senhoras, para angariarem donativos e promoverem festejos cujos produtos revertam para o Hospital.

Ao encerrar a reunião, o sr. José Antunes da Silveira abriu uma subscrição, oferecendo ao nosso confrade Cairbar Schutel, para auxiliar as despesas do atual Hospital de Caridade, a quantia recolhida cuja relação damos na seção Assistência aos Necessitados. O nosso representante, com palavras repassadas de emoção, agradeceu, em nome dos pobres, as ofertas que lhe foram entregues, pedindo a Deus para que a alegria que envolvia aqueles corações persistisse para sempre, incitando-os cada vez mais à pratica do Evangelho de Jesus.

***

O governo do Estado fez doação do prédio em que funciona atualmente o Grupo Escolar para o "Hospital de Misericórdia".

Mais ou menos por este um mês se efetuará a mudança do Grupo para o prédio recém-acabado e a Diretoria do Hospital tomará posse do espaçoso edifício que vai servir de abrigo para os enfermos pobres. [...].

Que Deus seja louvado[79].

A iniciativa da sociedade como um todo era necessária, pois não eram somente os pobres que precisavam de atendimento médico. Toda a comunidade carecia de um serviço de saúde local. Por maior que fosse a boa vontade dos espíritas, a responsabilidade pelo atendimento médico haveria de ser melhor distribuída entre os que tivessem mais recursos. E foi isso o que ocorreu.

O jornal *O Clarim* continuou divulgando os passos para a esperada construção da nova instituição de saúde de Matão.

O NOVO HOSPITAL

Correm animados os festejos em benefício do Hospital de Caridade. As prendas oferecidas à quermesse montam a 2:500$000 e os objetos ofertados aos leilões que se estão realizando atingem a soma de um conto de réis.

As salas do edifício do Novo Hospital estão ornamentadas a capricho. A diretoria da Associação do Hospital de Caridade e a Comissão de festejos têm sido incansáveis, esforçando-se para que dentro em breve possamos ver convertida em realidade essa ideia grandiosa.

Por indicação dos deputados Drs. Machado Pedrosa, Moraes Barros e Peixoto Gomide, em virtude de representação feita pela câmara desta cidade, vai ser incluída no

---

[79] O CLARIM. Matão-SP, 26 out. 1912.

orçamento do Estado uma verba de 6:000$000 para a fundação do novo Hospital.

"O Popular" de Araraquara trouxe um desenvolvido artigo sobre o Hospital de Caridade desta cidade, em que faz lisonjeiras referências ao *Centro Espírita Amantes da Pobreza,* que penhorados agradecemos[80].

O hospital, fundado pelos espíritas, continuaria atendendo até o final de 1913.

Cairbar participou da reunião que constituiu o novo empreendimento. A ata em que marcou sua presença encontra-se exposta no Memorial Cairbar Schutel.

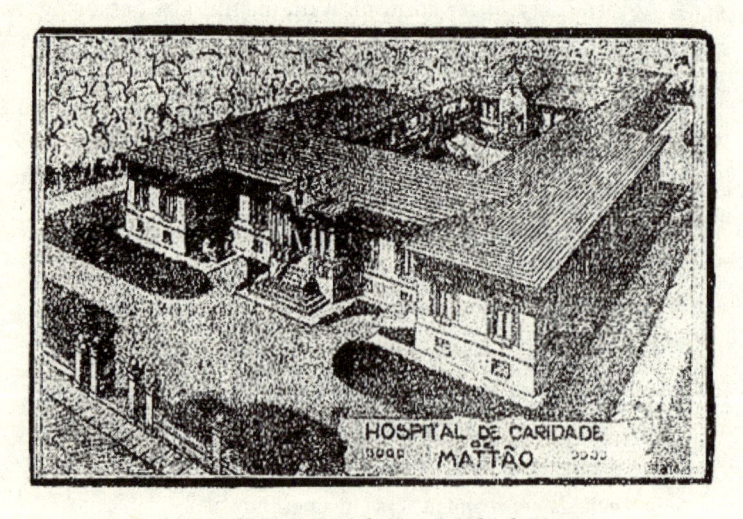

Projeto da Santa Casa de Misericórdia de Matão
(Fonte: Correio Paulistano 21/07/1928 - Acervo da BNDigital)

---

[80] Idem. 24 dez. 1912.

Capítulo 20

O dia dos mortos

Cairbar tinha predileção pelo dia de Finados. Todos os anos, produzia edições especiais do jornal para esse dia, trazendo temática direcionada à imortalidade da alma. Nos diversos anos, nesse período, a tiragem da publicação chegara a quase 50 mil exemplares. As pilhas de jornais alcançavam o teto da pequena sala da tipografia. Aqueles que iam ao cemitério chorar ou homenagear seus mortos recebiam em mãos um exemplar de *O Clarim*. Independentemente de a pessoa ler ou não o jornal, o desafio da mudança de paradigma estava lançado. Pelo ponto de vista espiritual, o corpo físico morre, mas o Espírito continua, imortal. Aquele que visitava o cemitério, poderia mirar o túmulo do ente querido como se toda aquela existência tivesse se encerrado ali, naquele corpo sem vida, servindo de alimento à terra, ou, pela nova ótica, ver que aquele ser querido não estaria mais ali, enterrado, morto, na essência da palavra. A pessoa querida estaria bem viva, em outro estágio da existência, ligada pelos laços imorredouros dos sentimentos, das emoções, que não se desfazem com a morte do corpo físico. Não seria apenas uma lembrança do ente que partiu, mas a convicção de que a conexão espiritual continuaria, por um elo invisível, em outra dimensão.

Distribuição de jornais no cemitério (Finados, 1913)
Da esquerda para a direita, Ítalo e Augusto Ferreira, José da Cunha,
Cairbar Schutel e Calixto Nunes de Oliveira (Acervo O CLARIM)

Um fato que marcou a distribuição do jornal no dia de Finados ocorreu no ano de 1913, com a apreensão policial de vários lotes de jornais enviados para São Paulo.

A correspondência de Dídymo Pereira, um dos representantes de *O Clarim* na cidade de São Paulo, foi publicada na edição de 8 de novembro de 1913 do periódico espírita matonense:

> O delegado Dr. Rudge Ramos não consentiu na distribuição de *O Clarim* no Araçá e na Consolação, apreendendo uns tantos exemplares e ameaçando-nos de prisão se insistíssemos. Mesmo assim, foram distribuídos cerca de 1500 exemplares, e com felicidade indizível, pois poucos foram os jogados à rua. A fim de não prejudicar a propa-

ganda, dirigi-me ao Cemitério da 4ª Parada, cuja afluência era enorme, quase como na necrópole do Araçá, e fiz toda a distribuição, de forma que, às 4 h. da tarde, já não havia mais um *O Clarim* para remédio, tanto assim que aqueles jornais (pouquíssimos) que eram encontrados pelo chão eram apanhados e lidos[81].

Os espíritas e os jornais simpáticos à causa, como *O Alpha* de Rio Claro (SP), *Diário da Tarde* de Curitiba (PR), *Gazeta de Notícias* (SP), *Correio da Manhã* (SP), *A Platea* (SP), *A Tribuna* (Santos-SP) e outros, protestaram contra a iniciativa; e a atitude arbitrária do delegado acabou servindo de propaganda ao Espiritismo.

Curiosa a correspondência de Francisco Velloso, de Bebedouro:

> Distribuí os Boletins no Cemitério, com ótimo resultado, pois o nosso trabalho mereceu a consideração do vigário, que num sermão na Igreja nos excomungou – "a quem fez tantas heresias, a quem distribuiu os impressos" – e, ainda sob pena de excomunhão, proibiu que fossem os jornais lidos. Por aí podemos calcular a saída que os mesmos tiveram e a sofreguidão com que eram lidos[82].

Em 1914, Cairbar publicou novo livro, *O Diabo e a Igreja*, escrito em resposta aos ataques contra o Espiritismo publicados pelo padre Bento Rodrigues no *Jornal São Carlos,* que era propriedade do bispado local (São Carlos-SP).

---

[81] O CLARIM. Matão-SP, 8 nov. 1913.

[82] MONTEIRO, Eduardo Carvalho; GARCIA, Wilson. *Cairbar Schutel: o Bandeirante do Espiritismo*. São Paulo: O Clarim, 1988. p. 106.

Schutel não perdia nenhuma oportunidade para divulgar o Espiritismo. Enviava jornais para várias cidades, muitas vezes sem nada cobrar; realizava palestras; escrevia artigos para outros jornais; e não perdia o foco de sempre trabalhar por aquilo em que acreditava.

Ainda em 1914, Cairbar iniciou visitas às cadeias de Matão e Araraquara, nas quais nunca aparecia de mãos vazias.

No dia 2 de abril de 1915, o grupo perdia um grande colaborador. Calixto Nunes, o amigo que iniciou as sessões de comunicação com Cairbar em 1904, partia para o Plano Espiritual. No velório do amigo, Schutel proferiu uma palestra de meia hora e encaminhou preces para que o desligamento do Espírito se desse em clima de paz. É muito difícil ter o equilíbrio para, no momento derradeiro, orar para que uma pessoa querida se desligue do corpo físico, afinal, ninguém quer ver partir os seres que ama. Poucos rezam para que o desligamento ocorra em paz e em harmonia na jornada que todos devem seguir um dia. Por vezes, e egoisticamente, queremos morrer antes da pessoa amada para não sofrermos.

Para os espíritas, é sinal de elevação e de entendimento da vida espiritual deixá-los seguir seus caminhos evolutivos. Se a vida continua, os reencontros são certos. Seria apenas uma questão de tempo. Assim, um "amor à primeira vista" poderia ser interpretado como um reencontro com alguém com quem se conviveu em outra reencarnação. Contudo, ocorreria da mesma forma com os ódios gratuitos, sem razão aparente, pois a resposta estaria em vivências anteriores.

Nos dias que se seguiram, os participantes do grupo tentaram contato com o Espírito Calixto. Seis dias depois de sua morte, o médium recebeu apenas uma frase dizendo que ele viria. No dia 10 de abril, eles obtiveram uma breve comunicação do amigo desencarnado, deixando palavras de afeto, agradecendo e cumprimentando a todos.

Dois anos depois, em 4 de abril de 1917, foi a vez do velho Quintiliano partir, aos 69 anos, tendo como *causa mortis* arteriosclerose. A notícia é publicada em *O Clarim,* de 6 de abril de 1917.

Nessa época, Mariquinhas adquiriu uma doença de pele que, inicialmente, seria considerada como hanseníase. Apareceram manchas roxas e dolorosas nos braços, pernas e rosto, sem falar nas dores articulares que suportava em silêncio. Após exames de sangue, encomendados pelo Dr. Agripino, descobriu-se que não era hanseníase, e sim lúpus, uma doença crônica de origem autoimune que causa inflamações na pele, podendo afetar ainda as articulações, rins, células sanguíneas, cérebro, coração e pulmões.

Cairbar, amor da vida de Mariquinhas, acostumado a cuidar da saúde da população, transformou-se em dedicado enfermeiro particular. Isolada pela doença, viveria quase que reclusa dentro de casa.

Quando podia, Mariquinhas participava das sessões espíritas. Aos domingos, era ela quem ornamentava pessoalmente a mesa e o salão de reuniões com flores que ela mesma plantava no quintal. Mesmo não participando das sessões, cuidava das crianças, pelas quais tinha verdadeira predileção.

Capítulo 21

Mirabelli

O JORNAL SEGUIA DIVULGANDO O ESPIRITISMO EM EDI-
ções semanais. Alguns articulistas iam se consolidando e, com
isso, mereciam artigos na capa do periódico. Nomes como Cairbar, diretor do jornal, Vianna de Carvalho, Pedro de Camargo
(Vinícius), José Machado Tosta, Amaral Ornellas, o português
Dr. Sousa Couto e outros que se identificavam por intermédio
de codinomes, como Ptolomeu, Liz, B. M. – que poderiam ser
apelidos ou nomes de Espíritos – apareciam constantemente
na publicação. Independentemente dos nomes, o que importa-
va era a qualidade dos artigos, sempre esclarecedores, sobre as
verdades da imortalidade. Histórias curiosas vindas de outros
países elevavam o *status* da publicação.

Um assunto que ocupou várias páginas dos periódicos
matonenses, aliás, por vários anos, foi o aparecimento de um
médium de efeitos físicos muito especial, pouco antes dos anos
1920, no Brasil. Por se tratar de um tipo de mediunidade rara, os
interessados por fenômenos, os desconfiados e até os *do contra*
se entusiasmavam.

Carmine, ou Carlos Mirabelli, filho de italianos, possuía

capacidade mediúnica extraordinária, por sua produção de fenômenos como levitação, materialização de Espíritos, de objetos e outros.

Várias sessões foram registradas em detalhes e enviadas para Cairbar, que as publicava sem demora, tamanho o interesse pelo tema. Afinal, ele próprio teve a oportunidade de conhecer o médium.

As sessões eram muito bem organizadas. Todas documentadas em atas, contendo os nomes dos participantes e, em alguns casos, até suas ocupações. Engenheiros, professores e doutores agregavam importância ao evento, pois marcava a presença de gente estudada e formadora de opinião.

Os fenômenos eram descritos um a um.

Entre vários senhores engravatados ao redor de uma mesa, reinavam o silêncio e a curiosidade.

Começava a sessão:

Toc! Toc! Toc!... Em alto e bom tom, justo na mesa principal da reunião. O Espírito assinalava a sua chegada.

Alguns participantes, os mais novatos, estremeciam, ansiosos.

O clima era de suspense. Os cavalheiros mais experientes acompanhavam com o olhar, serenamente, o início dos fenômenos.

Outra batida:

Toc!... Bem em cima do quadro do pai do médium. Os menos corajosos arregalavam os olhos e buscavam a origem da batida. Qual seria a próxima surpresa?

Alguns segundos depois, o mesmo quadro começou a se

deslocar lentamente. Movia-se para os lados, sem a interferência do médium. Admiração geral. Os olhares acompanhavam, atentos, a evolução do objeto.

Em seguida, o médium chamava a atenção dos presentes para uma caixa de fósforos sobre a prateleira, situada no canto da sala, distante uns dois metros da mesa.

A caixa começou a flutuar, indo pousar mansamente sobre a mesa.

Um relógio despertador à corda, travado, e cuidadosamente examinado pelos demais, foi colocado sobre a mesa por um integrante da reunião. Em seguida, iniciaram-se pancadas repetidas. Na sequência, o despertador disparou toda a corda, quebrando o silêncio que reinava no ambiente. Os que tinham nervos fortes, mentalmente, já ansiavam pela próxima manifestação. Para os não tão fortes, calafrios e um certo pavor.

Em instantes, um chapéu que se achava sobre a mesa,

sem a intervenção do médium, levitou e foi aterrissar no chão. O dono do chapéu foi buscá-lo. Do nada, o chapéu foi como que arrancado de suas mãos e jogado novamente ao solo. O Espírito teria ficado nervoso? Obediente, o dono do chapéu voltou ao seu lugar; não tentou recolhê-lo até o final da sessão.

Próximo fenômeno: dois frascos de remédios sobre um caixão levitaram a aproximadamente meio metro de altura e desceram delicadamente até onde estavam no início.

Tudo muito sutil até então.

Uma grade de 2 metros por 60 centímetros, pesando seis quilos, começou a flutuar. Vagarosamente iniciou um giro circular de uma extremidade à outra. O que os menos valentes estariam pensando ao ver aquele objeto girar?

Agora, a grade se posicionou na vertical, sem fios nem sinal de truques.

O médium, no intuito de dar maior robustez à prova, pediu para que a grade fosse jogada com violência ao solo. Porém, o Espírito se negou a fazer o que lhe pediram, avisando que preferia deixá-la cair suavemente. O fenômeno da grade descendo e subindo se repetiu por algumas vezes. Olhares tensos a acompanhavam. Na última derrocada, a grade foi arremessada com violência ao chão. Susto na plateia. Não era conveniente qualquer convidado interromper a sessão para sair. Todos tinham de aguentar firme até o final.

Encerrando com leveza, uma flor, colocada no gargalo de uma garrafa, foi suspensa por um efeito magnético invisível. Ficou parada no ar por alguns segundos e, depois, pousou em cima da mesa. Fim da sessão[83].

---

[83] Baseado em: AINDA AS EXPERIÊNCIAS do Sr. Mirabelli. *O Clarim*, 26 dez 1916. Matão-SP. p. 2-3.

Os testemunhos de algumas personalidades sobre suas participações em diferentes sessões não deixavam dúvidas de que o *show médium* abalava as estruturas até dos mais céticos:

Dr. Luiz Maia:

[...] primeiramente, devo dizer que não sou espírita. Católico tradicional, sou obrigado, pelos dogmas da religião que professo, a evitar a leitura de tudo quanto possa levantar celeuma no meu Espírito. Demais, sinto-me bem com a religião que adoto. Foi, portanto, por um natural movimento de curiosidade que procurei assistir a uma experiência do Sr. Mirabelli. Tive essa ocasião [...] onde e como explicar o truque? Autorizo a afirmar que, nesse instante, pus toda a possibilidade de mistificação de lado, como coisa impossível e absurda, no caso.

[...]

Dr. Carlos Frederico Spicacci:

[...] quem escreve estas linhas tem nervos de aço, coração de granito, e desde a infância militou sempre nas fileiras dos livres pensadores, professando o mais absoluto materialismo. Hoje, o mesmo que traça estas linhas tem suas ideias fortemente abaladas. Por quê? Porque os fatos não podem ser negados... Sábios, céticos, materialistas, vinde em meu auxílio; salvai-me do abismo em que estou quase a afundar-me... Explicai-me tudo o que vi...

[...]

Cairbar Schutel (editor e escritor espírita):

[...] ponho de lado toda ideia de truque, de fraude, de mistificação, porque, durante e após a produção dos fenômenos, exerci a mais severa fiscalização [...].

[...]

Dr. Franco da Rocha (do Manicômio de Juqueri):

[...] o Sr. Mirabelli colocou sobre um copo uma caveira que, a pedido meu, começou a rodar, e, num dado momento, caíram sobre a mesa, copo e caveira. Coloquei os objetos outra vez como estavam dantes, e o fenômeno repetiu-se. Tornei a colocá-los, e a mesma coisa presenciei. Mas não é só: quando segurava o crânio, sentia nas mãos algo de estranho, de fluídico, como que um fluido globular que me tocasse na palma da mão. Quando mais concentrava a minha atenção sobre o objeto acionado, vi passar uma coisa semelhante a uma irradiação por sobre o crânio, como quando rapidamente se expõe um espelho aos raios luminosos [...].

[...]

Dr. Carlos Imbassahy (Escritor e Conferencista Espírita):

Restou-nos, como consolo, a certeza inabalável dos dons mediúnicos de Mirabelli. ... o fenômeno se produziu, mal nos sentamos. ...Um truque era absolutamente irrealizável.

[...]

Dr. Vital Brasil (Instituto Butantã):

[...] deixemos de teatralidades, e estudemos o Sr. Mirabelli cientificamente [...][84].

Entretanto, não era só nisso que se resumia a atividade mediúnica de Mirabelli. Como já foi dito, o médium também produzia materializações de Espíritos. Há relatos de materia-

---

[84] PALHANO JR., L. *Mirabelli – Um médium extraordinário.* Rio de Janeiro: Centro Espírita Léon Denis (CELD), 1994. p. 4-7.

lizações, como o do Espírito Dom José de Camargo Barros, da Diocese de São Paulo, e até do Espírito São Francisco de Assis.

De tão extraordinário, Mirabelli chegou a ser internado no Asilo de Alienados do Juqueri – que depois passou a se chamar Hospital Psiquiátrico do Juqueri (Franco da Rocha-SP). Hospitais psiquiátricos eram locais comuns para se depositar médiuns. Somente o Espiritismo viria trazer o entendimento da produção, desequilibrada ou não, de fenômenos espirituais e paranormais.

Tamanho sucesso não saía barato. O médium ainda chegou a ser preso em várias oportunidades, acusado de exercício ilegal da medicina, porque também realizava curas. Era quase sempre assim.

Não era fácil ser um médium como Mirabelli. Além de ser considerado louco, sofria assédio e violência dos que achavam que ele tinha parte com o diabo.

Não bastasse os desafios relatados, o médium era diabético e só conseguia dormir com as luzes acesas para não provocar fenômenos desagradáveis.

Contudo, a mediunidade de Carmine Mirabelli seguiu ativa até a sua morte, nos anos 1950.

Em 1918, Cairbar lançou mais uma pérola literária: *Interpretação Sintética do Apocalipse*. Outro livro polêmico por meio do qual respondia aos ataques da Igreja. Os religiosos afirmavam que o Dragão e a Besta, caracterizados no Apocalipse de João, seriam representados pela Maçonaria, pelo Espiritismo e por todos aqueles que não participavam de suas ideias dogmáticas. O sangue de Cairbar esquentava. Na resposta publicada no livro, podia-se entender que, conforme sua leitura, os animais simbólicos se assemelhariam mais ao catolicismo.

Embalado pelo incansável trabalho de divulgação, o jornal entrou numa nova fase. *O Clarim* tornou-se um jornal bastante consagrado no meio espírita.

Cairbar preparou a entrada dos anos vinte com novidades para seus leitores: prometeu um jornal mais atraente e com formato maior.

Porém, as novidades não ficariam limitadas ao respeitado jornal ou aos novos livros escritos pela pena de Schutel. O Bandeirante do Espiritismo desejava sempre mais: mobilizaria sua força de vontade e sua capacidade de realização, trazendo um novo impulso na divulgação da sua crença na imortalidade da alma.

CAPÍTULO 22

Mais um passo de gigante

OS ESPÍRITAS MATONENSES COMEÇARAM OS ANOS 20 A todo vapor. Além das inovações de *O Clarim,* o ritmo dos trabalhos parecia se cadenciar.

Cairbar recebia correspondências, jornais e revistas vindas da França, Estados Unidos, Inglaterra, Alemanha, Espanha,

O Clarim, 1 de janeiro de 1920 (Acervo O CLARIM)

Itália e outros países. Boa parte desse material – em idioma espanhol e francês – era traduzido para a língua portuguesa, pelo próprio Cairbar, e publicado no jornal.

Apesar do sucesso do jornal, Cairbar acalentava um sonho: desejava publicar uma revista com artigos de alto nível, buscando uma abordagem mais científica e experimental dos fenômenos, e, se possível ainda, publicar artigos de pesquisadores sérios sobre Espiritismo e Animismo em todo o mundo. Seria um periódico destinado a um público diferente. Enquanto isso não se concretizava, Cairbar continuava divulgando a doutrina dos Espíritos de todas as formas possíveis.

No dia 15 de julho de 1920, quando se comemorava o 15º aniversário do *Centro Espírita Amantes da Pobreza,* o velho livro de atas recebeu, pela primeira vez, a assinatura de Antonia Perche Silveira, conhecida como Antoninha. A menina, filha de Gregório Perche de Menezes, teria se engajado ainda muito jovem nas atividades espíritas. Começou dobrando jornais e, aos poucos, aprendeu de tudo sobre o funcionamento do centro espírita e da gráfica. As outras irmãs, Maria Perche da Silveira e Zélia Perche, também se tornariam fiéis colaboradoras de Schutel. Maria na editora, e Zélia na farmácia, como aprendiz. Antoninha integrou-se à diretoria do *Amantes da Pobreza* em 1922, com vinte anos de idade, como secretária – e só deixaria a instituição no ano de 1966, como presidente. Ela foi o braço direito do Bandeirante do Espiritismo.

Entre 1923 e 1924, Cairbar publicou mais dois livros: *Médiuns e Mediunidades,* contendo o resumo dos principais aspectos contidos em *O Livro dos Médiuns,* de Allan Kardec, e *Gênese da Alma,* que procurava demonstrar aspectos da imortalidade da alma.

Reuniões mediúnicas registradas com fotos (Acervo O CLARIM)

A parte fenomenológica, que envolvia estudos espíritas, exercia especial fascínio em Cairbar. Os periódicos espiritualistas vindos do estrangeiro continham imagens impressionantes de materializações de Espíritos. Aparições de mortos em fotografias aguçavam a mente dos experimentadores e alimentavam a ira dos que não aceitavam os fenômenos envolvendo Espíritos.

O charlatanismo incendiava ainda mais as vertentes prós e contras da fenomenologia. Alegrava os incrédulos e preocupava aqueles que apoiavam as experiências com propósitos sérios.

Em Matão não era diferente. Cairbar adquirira uma máquina fotográfica com o objetivo de registrar as reuniões mediúnicas. As câmeras daquela época provocavam iluminação artificial por intermédio de partículas de magnésio. O *flash* produzia um raio de luz brilhante e uma fumaça ácida.

Apesar dos esforços, Cairbar nunca teria conseguido bons resultados com fotografias de Espíritos. Reiteradas vezes, as reuniões eram fotografadas, mas as revelações das chapas não apresentavam mais do que os próprios participantes das reuniões com os olhos fechados. Todos na foto eram encarnados; nenhum desencarnado.

Nessa época, as sessões eram realizadas numa casa com três portas, contendo enormes fechaduras, com saída para a rua.

Certa vez, o padre reuniu dois jovens fiéis da congregação mariana e pediu para que investigassem as reuniões mediúnicas. Os intrépidos jovens atenderam ao pedido.

Na noite aprazada, espreitavam o local onde se reunia o grupo, como combinado. Após ouvirem uma prece e a leitura do trecho de um livro vindos do interior do recinto, as luzes se apagaram. Silêncio. Apurando mais os sentidos, ouviram apenas alguns suspiros e rangidos de cadeiras. Os jovens aguardavam, impacientes, quando, passados alguns minutos, explodiu o *flash* da câmera fotográfica, provocando um estouro surdo e um clarão, cujos raios foram projetados pelas frestas das portas. Os jovens saíram em disparada, assustados.

A notícia que levaram para o padre era da terrível confirmação de que o diabo estaria soltando faíscas no meio da reunião espírita.

Apesar das desconfianças, os espíritas de Matão, liderados por Cairbar, eram respeitados. Praticavam a caridade, eram pessoas boas, mas o Espiritismo ainda seria temido por muito tempo.

O assunto da criação de uma revista espírita voltou à tona quando o colaborador e amigo Luiz Carlos de Oliveira Borges foi até Matão.

Estamos em 1924.

Tendo transferido residência de Dourado para São Paulo, Borges visitou Cairbar para o sempre agradável encontro entre almas afins.

Nessa oportunidade, numa conversa descompromissada, Schutel revelou o sonho de criar uma revista, explicando que seria um periódico com uma proposta diferente do jornal *O Clarim*.

"Fundamos *O Clarim* para os simples e os humildes. Eu queria muito fazer uma revista que fosse direcionada para outro público. Gostaria de poder alcançar um segmento mais específico e intelectualizado. Quando vejo o volume de correspondências que recebo do estrangeiro com um material tão bom, e que tenho que arquivar sem poder dar divulgação, isso me condói bastante", disse Cairbar.

Luiz Carlos respondeu, sereno:

"Olha, Schutel, eu estou à sua disposição caso queira fundar essa revista."

Cairbar ainda argumentou:

"Borges, vamos precisar de muito dinheiro. Seria necessário impressora, tipos, papel…"

Mas Luiz reiterou, enfático:

"Schutel, pode contar comigo!"

Cairbar exultou de alegria pela generosidade e confiança de Luiz Carlos. Não haveria mais tempo a perder.

Conforme explicava a Borges, havia um grande estoque de revistas espiritualistas europeias e norte-americanas. Cairbar publicava no *O Clarim* as versões de matérias traduzidas para o português daqueles idiomas com os quais tinha afinidade, como o francês e o espanhol. O rico material em outros idiomas ficava guardado. A revista seria uma boa oportunidade para divulgá-lo[85].

Cairbar contatou o amigo do Rio de Janeiro, Ismael Gomes Braga, que se interessou em ajudar na tradução.

Com tanto material disponível, poderiam dar os primeiros passos para a formulação de uma revista.

O nome do novo periódico espírita deveria expressar a proposta de uma abordagem científica e com um caráter abrangente, que envolvesse os intelectuais e os espíritas do mundo todo.

Todos os esforços foram feitos para que a revista fosse lançada em janeiro do ano seguinte, em 1925. Começando em janeiro, facilitaria uma eventual encadernação de 12 exemplares, organizados por ano, de janeiro a dezembro, o que era costume se fazer para melhor arquivar a coleção.

Com a meta de lançamento para janeiro, mas ainda sem a estrutura apropriada para produção do novo periódico em Matão, resolveram entregar a impressão para uma gráfica na cidade de São Carlos, a 70 km de Matão.

Por problemas de diversas ordens, não foi possível publicar o primeiro número no mês de janeiro.

Finalmente, no dia 15 de fevereiro de 1925, a Editora O Clarim lançou a *RIE – Revista Internacional de Espiritismo –* Publicação mensal de estudos anímicos e espíritas.

Na capa, do lado direito, a foto de Vitor Hugo, de quem Cairbar era admirador, e a frase "O grande poeta espírita". No

---

[85] Baseado na descrição de diálogo feita por Antoninha Perche em entrevista realizada em 4 de agosto de 1979 por Eduardo Carvalho Monteiro.

lado esquerdo, um sumário com os artigos tratados na revista.

As duas primeiras edições foram impressas na gráfica são-carlense. Somente a partir da terceira edição, a RIE seria impressa no próprio pátio gráfico da Editora O Clarim, graças ao apoio do amigo Luiz Carlos Borges, que comprou uma impressora Phoenix por 8.550$000 e uma máquina de grampear, além de prestar todo o apoio material para que a revista deslanchasse.

A primeira RIE (Acervo O CLARIM)

Impressa em papel couchê, a revista apresentava uma qualidade que em nada deixava a desejar às melhores publicações da época. Os artigos publicados eram muito interessantes, contendo inclusive fotos e ilustrações. O material era extraído dos periódicos *Light, La Revue Spirite, Vie d'Outre Tombe, Hoy, The Harbinger of Light, City News, Kálpale, Luce e Ombra, The Two Worlds, Luz del Porvenir, La Tribune de Genéve, Ghost Stories e Psychic Science,* devidamente autorizados e traduzidos para o português.

Cairbar vibrava de alegria. Seu sonho se realizava.

Entusiasmado com a primeira edição da revista, saiu para distribuir pessoalmente o novo periódico na casa de médicos, engenheiros e advogados de toda a região.

Parecia que nada iria tirar a alegria de Schutel...

Capítulo 23

Perdas e ganhos

Tudo parecia caminhar bem. Os esforços para a criação da nova revista espírita foram realizados a contento.

Em junho de 1925, porém, quando publicava a quarta edição da *RIE*, Cairbar recebeu a inusitada notícia de que o seu grande amigo Luiz Carlos de Oliveira Borges acabara de falecer, vítima de uma síncope cardíaca.

Cairbar tomou o primeiro trem para São Paulo. Não poderia deixar de se despedir do inesquecível companheiro de lutas.

Na manhã de 27 de junho, lá estava Cairbar no velório do amigo, que ocorreu na própria residência de Luiz Carlos Borges.

Os dois periódicos, *RIE* e *O Clarim*, publicaram homenagens a Luiz Carlos em suas páginas. No jornal, Schutel se expressou da seguinte forma:

> [...] Chamado no dia 26 do p. p. pelo aviso do seu falecimento, encontramos às 8 horas da manhã, não mais

aquele amigo que tantas vezes nos recebera de braços abertos, mas, sim, os seus despojos desfigurados no esquife levantado na câmara ardente.

Que dor passou-nos na alma ao ver assim, prematura e repentinamente arrebatado pela morte, aquele com quem havíamos dividido o nosso amor.

Tocamos-lhe o pulso, o coração, a fronte, e não jazia mais ali que um cadáver; a alma levara consigo todos os dotes daquele amigo, cujo caráter sublimado tornava-o ao mesmo tempo querido e respeitado.

O Clarim viu desaparecer de sua forma visível um dos mais fortes esteios que sustentava essa tribuna. Mas estamos certos de que o Luiz Borges continuará conosco prosseguindo a tarefa começada na Terra e para a qual tão espontaneamente se propôs. A morte, repetimos todos os dias, não é o fim da vida, nem pode interceptar as relações de amor e os sentimentos afetivos das almas livres. [...]

O enterro dos despojos do prezado companheiro foi em carneira particular, no Cemitério da Consolação, da Capital, saindo o féretro da Avenida Angélica n 76. Seguia o cortejo dois carros de coroas com dedicatórias de amigos e parentes e julgavam assim exprimir-lhe suas últimas saudades e dizerem-lhe seus últimos "adeus".

No topo de um dos carros, salientava-se uma coroa de flores naturais com ramos verdes, com a inscrição dourada em veludo azul: "Ao caro companheiro de diretoria Luiz Borges, homenagem da Revista Internacional do Espiritismo".

Falaram, ao baixar o corpo à sepultura, o nosso companheiro Dr. Souza Ribeiro, que enalteceu as qualidades do recém-desencarnado. [...] O nosso companheiro Schutel se disse portador de duas coroas dedicadas ao ilustre e amigo: uma era a do Amor tecida com os laços da fraternidade dos espíritas brasileiros, outra era da gratidão que em seu próprio nome queria publicamente demonstrar ao amigo inesquecível; concluído as breves palavras com uma súplica de Paz e de Luz pelo amigo de lutas, liberto dos liames terrestres[86].

Borges não era somente o querido amigo de Cairbar. Dele dependeu a criação da *RIE,* cujo apoio imprescindível haveria de faltar a partir de sua desencarnação.

O que seria da Revista? Seria o começo do fim da publicação tão esmerada, que acabava de nascer?

Antes que Schutel se desesperasse – porque a revista realmente dependeria de investimentos diretos – a viúva de Luiz, Maria Elisa de Oliveira Borges, enviou 25 contos de réis como doação. Ela continuaria apoiando financeiramente *O Clarim* até a sua morte. Borges continuaria se comunicando, agora do lado de lá, por intermédio de psicografia.

Os valiosos donativos acabariam viabilizando outro sonho de Schutel: a reforma do prédio do centro espírita e, ainda, a construção de um salão, ao lado do Centro, onde funcionaria a gráfica. Concluídas as obras, tanto a casa de Cairbar, como a farmácia, o Centro Espírita e a gráfica ficariam no mesmo terreno, a poucos passos um do outro.

O Clarim, do alto dos seus 20 anos, continuava, radiante, publicando artigos interessantes sobre o Espiritismo, mantendo a mesma linha defensiva com relação aos seus contraditores e

---

[86] LUIZ CARLOS DE Oliveira Borges. *O Clarim,* Matão-SP, 4 jul. 1925. p. 2.

noticiando fatos do movimento espírita brasileiro. As polêmicas continuavam sendo veiculadas em séries de edições.

A recém-nascida *RIE*, menina dos olhos de Cairbar, apresentava mensalmente artigos assinados por respeitáveis pesquisadores europeus, como Sir Oliver Lodge, Sir Arthur Conan Doyle, Camille Flamarion, Ernesto Bozzano e outros. Cairbar mantinha correspondência frequente com as maiores autoridades da área.

Em setembro de 1925, em Paris, França, realizou-se o Congresso Espírita Internacional. Dentre várias personalidades, o maior representante do Espiritismo à época, Leon Dennis, foi o presidente do congresso. Arthur Conan Doyle, médico, espiritualista e escritor britânico, conhecido autor das vibrantes histórias do detetive Sherlock Holmes, também lá estava. Os periódicos matonenses foram representados no congresso pelo senhor Jules Thiébault.

**Congresso Espírita Internacional, em Paris, França, setembro de 1925
(Revue Spirite 1925) pág. 460**

A *Revue Spirite,* fundada por Allan Kardec em 1858, também fazia referências aos periódicos produzidos por Cairbar Schutel.

---

190   REVUE SCIENTIFIQUE ET MORALE DU SPIRITISME

C'est de bon augure pour l'avenir. Nous félicitons nos amis Lyonnais de ce beau succès dû à leur dévouement car c'est par la création de semblables œuvres d'utilité publique que le spiritisme affirmera ses enseignements d'altruisme et de fraternité.

Une récompense bien méritée

Un concours ayant été institué à Paris au sujet des droits civils et politiques de la femme, nous sommes heureux de signaler que le 1er prix de 1000 fr. a été attribué par le jury à notre cher collaborateur M. Félix Rémo. Nous lui en exprimons ici toute notre satisfaction.

Revue internationale du Spiritisme

Nous annonçons à nos lecteurs l'apparition d'un nouveau confrère au Brésil. Cette belle revue mensuelle de 32 pages sur papier de luxe se publie à Mattâo, Etat de San Paulo, Brésil. Le prix de l'abonnement est de 24 milreiss pour le Brésil et 30 milreiss pour l'étranger. Il part de janvier et de juillet. Le directeur est M. Cairbar Schutel. Un numéro du 3 avril de cette année concerne la théorie du subconscient et les acquisitions antérieures. Quelle est notre destinée. Ensuite une lettre de notre directeur, M. Gabriel Delanne, que la rédaction a eu l'amabilité de reproduire photographiquement. Vient ensuite un compte rendu de la cérémonie qui a lieu tous les ans sur la tombe d'Allan Kardec. A lire encore un article intéressant « Pourquoi la vie » d'Ernest Bozzano, etc.

Le journal est richement illustré. Il contient des photographies de la tombe d'Allan Kardec, du Général Fix, de Lombroso, Chiaia, et d'Eusapia Paladino.

Souhaitons bonne chance et longue vie à notre nouveau confrère.

Revue Spirite, 1925

Naquele mesmo ano de 1925, a cidade de Matão ganhou um novo jornal semanal, chamado *A Comarca,* inaugurado em 4 de janeiro de 1925 e fundado por Augusto Ferreira. Agora, os matonenses estariam muito bem informados sobre os acontecimentos de sua própria cidade.

Para conhecer um pouco do que aconteceu naquele ano, basta ler algumas notícias no periódico, relevantes na época:

10 de fevereiro de 1925

Uma linha de automóvel é inaugurada ligando Matão a Araraquara, sob responsabilidade do Sr. Tito Burini. Passagem singela (só de ida) – 6$000, ida e volta 10$000.

22 de fevereiro de 1925

Já em idos tempos, "Mão Negra" atuava na região, chefiando uma quadrilha de renegados. "Mão Negra" era o apelido de Pedro Antonio de Souza, bandido e ladrão bastante temido por seus crimes, assaltos e roubos.

14 de junho de 1925

Deputado Plínio Marques apresenta, na Câmara dos Deputados, indicação para que seja permitido "o inofensivo vício de fumar" no recinto dos trabalhos legislativos.

28 de junho de 1925

Realiza-se uma experiência com trator Ford, sob responsabilidade do Sr. Aparício da Silva Coelho, que é o agente local. Arou-se grande porção de terra e os fazendeiros ficaram admirados com o que estavam vendo.

12 de julho de 1925

Sociedade São Vicente de Paulo (católica) apresenta relatório e balancete de suas atividades financeiras, e o interessante é que quem assina é o Sr. Cairbar Schutel, que, nesse tempo, já não era mais católico e professava a doutrina espírita. Parece que as duas coisas não se coadunam, mas o fato vai se repetir por muitas outras publicações.

9 de agosto de 1925

No domingo, dia 2, às 5 horas da tarde, alguns jovens passeavam, fazendo algazarra, de automóvel, pelas ruas centrais da cidade. De repente, ao fazer a curva, na esquina da 15 de novembro com a José Bonifácio, um desses jovens foi cuspido para fora do automóvel. Como na casa da esquina morava o médico Dr. Agripino, foi o acidentado atendido imediatamente, sem piores consequências. A nota não guardou o nome do jovem nem dos demais. Essa juventude aprontando as suas, não é de hoje não!

23 de agosto de 1925

O jornal *O Clarim,* em nota crítica, pede providências governamentais para melhorar os serviços do Correio local e cita notas de "A Cidade" e "A Comarca".

13 de setembro de 1925

É preso José Vieira Filho que se fazia passar por "polícia secreta".

4 de outrubro de 1925

Carne é assunto de primeira – Em Taquaritinga, vende-se toucinho a 4$000 o quilo; banha, 4$500; lombo, 3$000 e carne 2$500, porém, em Matão, a "coisa esquenta", e o toucinho já custa 7$000... E a gente pensa que as coisas são só de agora, não?!

À parte os problemas corriqueiros da sociedade, a produção literária de Cairbar era quase contínua. Em 1925 e 1926, Cairbar lançou os livros *Espiritismo e Materialismo* e *Os Fatos Espíritas e as Forças X.*

CAPÍTULO 24

Parábolas e costumes

EM JANEIRO DE 1928, O BANDEIRANTE DO ESPIRITISMO lançou uma de suas principais obras: *Parábolas e Ensinos de Jesus,* que entraria no século XXI como um dos livros mais vendidos pela editora, dedicando um espaço para lembrar e agradecer dois amigos inesquecíveis:

> Preito de sincera amizade e gratidão ao
> meu bom companheiro
> LUIZ CARLOS DE OLIVEIRA BORGES e sua digna esposa
> MARIA ELIZA DE OLIVEIRA BORGES
> Cairbar Schutel, Matão, janeiro de 1928.

Cairbar inicia o livro com uma *Epístola a Jesus,* na qual acaba sintetizando o objetivo da obra:

> [...] cremos encerrar os princípios doutrinários que
> motivaram a tua vinda a este mundo, e cujo único escopo

é dar uma interpretação clara e sucinta da tua inigualável Doutrina[87].

De fato, nessa obra, Cairbar esmiúça as parábolas de Jesus, com uma interpretação bastante esclarecida e simples de entender, não deixando de pontuar as interpretações católicas e questionar seus dogmas.

Em pouco mais de um ano, a primeira edição se esgotou. *O Clarim* comunicou aos leitores o lançamento da segunda edição e também compartilhou a carta enviada por Ernesto Bozzano a respeito do *Parábolas*:

Parábolas e Ensinos de Jesus

Acaba de sair do prelo a 2.a edição desta obra, que explica, em espírito e verdade, as parábolas e ensinos de Jesus.

Dentre as numerosas felicitações que o nosso companheiro Schutel recebeu pela publicação desse livro, destacamos a seguinte do Prof. Ernesto Bozzano, o ilustrado psicólogo italiano, muito conhecido no mundo científico:

"Caro Sr. Schutel, agradeço muito o envio do seu magnífico volume: *Parábolas e Ensinos de Jesus*. Aprovo totalmente a sua maneira de considerar os milagres de Cristo e a missão da religião.

É verdade que sem os milagres de Cristo e dos apóstolos, sem as manifestações de Cristo nos quarenta dias de sua morte, sem sua aparição a São Paulo, o Cristianismo não teria conquistado o mundo.

---

[87] SCHUTEL, Cairbar. *Parábolas e Ensinos de Jesus*. 13. ed. Matão-SP: *O Clarim*, 2000. p. 17.

É verdade que *a Religião não pode mesmo se limitar a um mundo, a um planeta; ela tem o carácter universalista, é muito mais do que os sacerdotes proclamam, muito mais do que as igrejas concebem, ela está fora do tempo e do espaço...*

E esta é uma concepção filosoficamente profunda e grandiosa da verdadeira essência da religião.

Saudações, E. BOZZANO." (grifo do autor)[88].

Matão ia se delineando como uma cidade promissora, caracterizada por um povo trabalhador e honesto. Ainda em janeiro de 1928, mais uma empresa surgiu pela iniciativa de imigrantes italianos.

Narciso Baldan & Irmãos vinha para somar entre as indústrias de implementos agrícolas que entrariam o século XXI altamente competitivas e inovadoras. Outros italiano e descendentes surgiriam no decorrer do século XX, como os Marchesan e os Cadioli, consolidando um *pool* de indústrias referenciais do setor no país. O novo Hospital de Matão já era um sonho possível, com o lançamento da pedra fundamental,

Início das obras da Santa Casa de Misericórdia de Matão – Anos 1920

---

[88] PARÁBOLAS e Ensinos de Jesus. *O Clarim*, Matão-SP, 25 maio 1929. p.3.

no mesmo janeiro de 1928, cuja construção ficaria a cargo de Amadeu Mortari. O primeiro impulso dado pelos espíritas, anos atrás, frutificara.

A diretoria agora era composta por Francisco Malzoni, presidente; Alberto Benassi, vice-presidente; Gastão Lauchner, tesoureiro; Lindolpho de Carvalho, secretário; e pelos membros José Argimonti, Terigi Bastia, Antonio Mortari, João Rossi, Olegário Arruda Mendes e Justino Franco.

Um jornalista do Correio Paulistano, assinando interessante matéria de página inteira com as iniciais O. P., no gozo de merecidas férias, esteve em Matão no mês de junho de 1928. De tão encantado com a cidade, não resistiu ao ímpeto de escrever sobre a sua vivência naquele local. Descreveu em detalhes vários aspectos da comunidade matonense. Detalhes sobre o povo, a arquitetura, os estabelecimentos e o desenvolvimento pelo qual o município passava foram escritos com uma beleza narrativa que daria gosto reproduzir por inteiro. Porém, o que vale a pena destacar foi sua participação nas festas locais:

> Festas populares - É a tradição que rege os costumes do povo migrado.
>
> Domingo, 17 de junho, pelas 11 horas da noite, surpreendemos uma colônia negra que se divertia. Festejava a Santo Antonio com o levantamento do mastro, estourar de foguetes e rimbombar de morteiros. Numa das dependências da casa, altares e velas incensavam a benemerência do padroeiro, e, no terreiro, sob um teto improvisado de folhagens, donde pendiam lamparinas a petróleo, acotovelavam-se dezenas de pares de dançarinos,

a passo *Charleston*[89], ao som da sanfona e da viola e à cadência das colheres repinicadas.

Em outro terreiro, ao pé da fogueira crepitante de fagulhas – em grande roda, formigava a gente no batuque brasileiro. Chocalhos, tambores e o (nunca visto entre nós) quinjenguê, exótico instrumento composto do tronco do coqueiro oco, de uns 70 centímetros de comprimento, como o cano de um morteiro, vedado numa das extremidades por pele de cabrito, – era tamborilado pelas mãos espalmadas do cadenciador. Curiosa era a disposição do instrumental. Atirados ao chão os instrumentos – para harmonizar o som, tinham os pretos de se ajoelharem, para manejá-los com facilidade. A cantiga precedia o estrepido seco do quinjenguê e surdo do tambor:

> *Si acaso me dá licença,*
> *si uma licença não faiz má,*
> *como a licença não periga,*
> *também pode perigá*

Hospitaleira, a boa gente não se cansava. O anisete era servido a todos que se mostravam arroucados com a poeira levantada pelo cabriolar do samba. Café, quentão, cerveja, pão com carne, cigarros, em oferecimentos contínuos... e a modinha incessante:

> *Dois enterro nesses dia,*
> *muita gente fez chorá...*
> *Dona Maria Victória,*
> *Zé Joaquim do Amará...*

---

[89] *Charleston*: dança vigorosa popular, caracterizada por movimentos dos braços e projeções laterais rápidas dos pés. Originalmente era dançada por negros do sul dos Estados Unidos. Fonte: *1941 Produção, Dança e Cultura Vintage*. Disponível em: <www.1941vintage.com.br/categorias/charleston/>. Acesso em: 25 abr. 2018.

Cada veis que me alembro,
que a morte há de me matá...
Meu sangue foge da veia,
Meu coração de lugá...

E pela uma e meia da madrugada, quando mais intensa era a alacridade da festa colonial, distantes já, a caminho de casa, ouvindo o ecoar do tambor que transpunha a encosta da serrania, quebrando a monotonia e a calada da noite do sertão, meditáramos na sapiência do poeta desconhecido que metrificava os sete versos com as palavras do seu conhecimento, imprimindo a eles muita verdade que a sua simplicidade não sabe dizer senão em versos singelos...

... e a brisa conselheira trazia aos nossos ouvidos a melodia do cantor:

Quando vim da minha terra,
minha mãe me encomendô,
papai tornou-me encomendá:
Quando fô na terra alheia
Pisa no chão divagá...

Soubemos depois que a festa durou até o aparecimento do sol, em meio de muita serenidade...[90]

Vale dizer que não eram somente os imigrantes europeus que compunham o Brasil República, cheio de dificuldades e desafios a vencer. A comunidade africana, ainda ligada às duras provas de seus antepassados, transformava a tristeza num can-

---

[90] O. P. A Cidade de Matão – Visita ao município – seu florescimento – indústrias aparelhadas e lavoura modelar – dezessete milhões de cafeeiros – festas populares – notas de um viajante. *Correio Paulistano*, São Paulo, 21 jul. 1928. p. 11. (acervo BNDigital)

to de alegria e esperança. A Pátria do Evangelho haveria de ser virtuosa para acolher os seus filhinhos, vindos de todas as localidades. Os japoneses também teriam imigrado para o Brasil a partir de 1908, muitos tendo escolhido Matão como esperança de um porto seguro.

De acordo com o saudoso historiador matonense Adail Pedro, a grande maioria dos japoneses se instalou na *Fazenda Cambuhy*, do fazendeiro e empreendedor araraquarense Carlos Leôncio de Magalhães – Nhonhô Magalhães. A fazenda foi adquirida por ingleses em 1924 e foi considerada modelo de fazenda na época. Além de café, diversificou o plantio, introduziu a citricultura em Matão e desenvolveu a pecuária.

O município seguiria progredindo e o Espiritismo também, revelando seus ensinos e assinalando a qualidade dos médiuns que iam despontando por todo o Brasil:

> À noite, na sede do Centro, foi realizada uma conferência pela senhorita Yvonne do Amaral Pereira, versando sobre o tema: - O Natal de Jesus.
>
> Essa conferência destacou-se por ser mediúnica, sendo seu verdadeiro autor o Espírito do escritor Camillo Castello Branco.
>
> Havendo sido psicografada por aquela médium, dias antes, propositalmente para a comemoração do Natal, essa conferencia agradou imensamente a toda assistência pelos seus grandes ensinos de moral.
>
> Os corações dos espíritas de Lavras (MG) sentem-se confortados pela grande paz reinante nos festejos ao natalício do Amado Mestre.[91]

---

[91] O NATAL no Centro Espírita de Lavras. *O Clarim*, Matão-SP, 25 fev. 1928.

No final dos anos vinte – em 1929, para sermos mais precisos – Cairbar lançou um opúsculo chamado *Cartas a Esmo*. A obra reuniu cartas publicadas em 1918, em resposta à *Carta Pastoral* do Bispo de Florianópolis, D. Joaquim Domingues de Oliveira, na qual combate o Espiritismo. Para completar, o livro ainda traz o discurso do Bispo Strossmayer, diante da proclamação da Infalibilidade do Papa, no Concílio de 1870, em Roma.

CAPÍTULO 25

Caridade ativa

NUMA ÉPOCA EM QUE NÃO HAVIA SOCIEDADES PROTETO-ras de animais, a diminuta cidade de Matão possuía um fervoroso defensor. Cairbar tinha um carinho especial pelos bichos; e isso era mais uma virtude que o diferenciava dos demais.

Enquanto o povoado se divertia com a prática de tiro aos pombos e a manutenção de rinhas de galos, Schutel tratava os animais com o mesmo respeito que tinha pelos humanos. A farmácia também estava à disposição da bicharada.

Certa vez, Schutel comprou o burro velho do verdureiro por um preço muito acima do que valia, exclusivamente para aposentá-lo. Viveu até seus últimos dias no terreno de Cairbar.

Se os animais falassem, o que diriam do tratamento que recebiam de Cairbar o gato Nhonhô, o cão Rolf ou Cabrito, seu cavalo?

Nhonhô era o gato de estimação do casal Schutel. Rajado e com peito branco, esperava Cairbar chegar todas as noites. Ficava no alto de uma árvore no final do quarteirão. Quando Cairbar se aproximava, Nhonhô descia rapidamente e, com passos leves, acompanhava-o até a casa, onde recebia alimento. O gato teve o privilégio de ter uma foto sua publicada na *RIE* em fevereiro de 1933.

Rolf era um cão de cor preta. Schutel o ganhou de um amigo quando ainda era filhote. Assim como Nhonhô, Rolf se alimentava na mesa da cozinha, junto com Cairbar. Adorava pastéis, ovos cozidos e qualquer tipo de sorvete.

O cavalo de Cairbar chamava-se Cabrito. Era muito mimado pelo dono, que sempre lhe oferecia balas ou açúcar.

Nhonhô — nosso amiguinho e companheiro de escriptorio

(Acervo O CLARIM)

Amigos de Schutel relatam que um dia antes de Cabrito morrer, já velho, teria ido bater na porta da casa de Cairbar quando receberia o último carinho do dono. Schutel não imaginava que o cavalo pudesse ir se despedir... e, quem sabe, agradecer...

Certa vez, o amigo Pedro de Camargo, de Piracicaba, hospedou-se na residência dos Schutel.

Logo ao deitar-se, escutou um barulho estranho.

Segundo ele, "parecia alguém produzindo um rumor surdo, batendo no assoalho[92]". Acendeu a vela, procurou a origem do ruído e nada. Vela apagada. O som retornou, duas, três vezes. Seria um Espírito se comunicando? Camargo, já sem sono, persistente, acabou descobrindo o mistério: para sua surpresa, era um animal de corpo rechonchudo, pele verrugosa e seca, olhos

---

[92] Carta de Pedro de Camargo a Ítalo Ferreira, de 23 de fevereiro de 1953. p. 4.

salientes e extremidades curtas. Um grande sapo passeava pelo interior da residência.

No dia seguinte, Cairbar teria explicado que o batráquio era amigo da casa e, por conta disso, havia aberto uma passagem nos baixos da porta da cozinha para que ele pudesse entrar e sair à vontade[93]. Todos se sentiam bem-vindos no lar dos Schutel.

Cairbar e seu Ford 1928 (Acervo O CLARIM)

A essas alturas – no final dos anos 1920 –, Cairbar já possuía um Ford 1928. Seu primeiro e único automóvel.

Com o calhambeque, Schutel podia trabalhar muito mais pela doutrina e pelo próximo. Se os periódicos corriam risco de atraso, mesmo em dias de chuva, ele enfrentava as barrocas da vicinal, entre Matão e Araraquara, para buscar papel.

Quando morria algum pobre desamparado, Cairbar acompanhava o féretro com seu *fordeco,* sem falar que, muitas vezes, pagava as despesas do enterro – só comprava caixão de

---

[93] Idem.

cor branca, contrariando a tradição ocidental de associar a morte à escuridão. Era costume de Cairbar derramar um frasco inteiro de perfume no ataúde do falecido.

O automóvel facilitou sobremaneira os atendimentos nas fazendas, nos quais, dependendo da gravidade, levava consigo Dr. Agripino.

Quem adorava passear de carro era Rolf, que ficava sentado, todo imponente, no banco de trás. Tanto no coração de Cairbar como no de seu Ford 28 cabia muita gente.

"Venha aqui, Seu vigário, que eu levo o senhor até a igreja" – dizia Cairbar, ao ver o padre caminhando a pé pela rua. Para Cairbar, a boa religião era o bom coração.

Em matéria de bom coração, Schutel demonstrava um desprendimento que causava admiração àqueles que o cercavam. Sua residência era endereço certo para os necessitados de toda a sorte.

Um dia chegou um lazarento a cavalo e pediu para falar com o Seu Schutel.

"Em que posso ajudá-lo?"

"O *sinhô* me arruma um sapato?"

Olhando para os pés do homem, Cairbar respondeu de pronto:

"Mas o meu calçado não serve pro senhor..."

"Como *num* serve? – mostrando o sapato estropiado no pé encardido – foi o sinhô que me deu esse!..."[94]

Cairbar deu uma risada solta e foi para dentro de casa, pegou o par de sapatos novos que acabara de comprar para ir a

---

[94] MONTEIRO, Eduardo Carvalho; GARCIA, Wilson. *Cairbar Schutel: o Bandeirante do Espiritismo*. 2. ed. Matão-SP: O Clarim, 2009. p. 135.

São Paulo e o entregou para o indigente. O homem ficou exultante de alegria, e Cairbar entrou em sua casa sorrindo.

As casinhas de madeira construídas no quintal do casal Schutel funcionavam como pronto-socorro, abrigo e restaurante dos necessitados. Atendiam doentes, acolhiam desabrigados, forneciam refeições – no mínimo, 15 por dia.

A hora do almoço era às 10 horas, e o jantar, às 16 horas. Schutel era rigoroso nesse quesito. Debaixo do caramanchão construído próximo às casinhas, uma mesa rústica recebia a todos: pobres, aleijados, cegos e tuberculosos. Ali eram tratados como gente.

Jesuíno Celestino de Mendonça, negro e sem uma perna, morava no quintal. Seu Antonio Felisberto, que diziam ter participado de toda a Guerra do Paraguai, teria passado seus últimos dias ali. Morreu com 110 anos. Quem hospedaria gratuitamente alguém que vivesse tanto?

Era um prazer para Schutel receber a todos em sua casa. Igualmente o era para Mariquinhas, que, apesar da saúde debilitada, estava sempre à disposição dos seus ilustres assistidos.

Cairbar adorava cozinhar desde os tempos de juventude quando, ainda no Rio de Janeiro, trabalhara em restaurantes. Não negaria apoio à Mariquinhas para alimentar tanta gente. Schutel fazia uma sopa de fubá com folhas de couve como ninguém.

Por vezes, o *maître* Cairbar aparecia no final do almoço e perguntava:

"Estão satisfeitos? Estava bom mesmo?"

Alguns, ainda mastigando, respondiam timidamente com um aceno da cabeça. Outros, já acostumados, apenas sorriam.

Não precisavam agradecer. Aqueles sorrisos em bocas banguelas já diziam muito. Schutel se sentia grato à vida por permitir a divisão do que tinha com aqueles que necessitavam.

O apoio de Mariquinhas não se resumia à cozinha. A esposa de Schutel também era uma costureira de mão cheia. Cairbar ia até a loja do Seu Jorge Kfouri – que não era espírita, mas gostava muito de Schutel – e comprava metros de fazenda. Kfouri dava um bom desconto e ainda emprestava os medidores, que, durante a noite, Mariquinhas ficava anotando e separando os diferentes tamanhos, para iniciar a *nova coleção* de roupas.

Mariquinhas produzia vestuário para famílias inteiras. Ficava orgulhosa quando via gente utilizando peças feitas por ela. Era comum encontrarem pelas ruas três ou quatro crianças vestidas igualmente, com a mesma cor e tecido. Era sinal de que o *Amantes da Pobreza* tinha feito recente distribuição de

Lista de colaboradores
(Acervo O CLARIM)

Para a festa dos pobres

A Commissão do Natal dos Pobres, pede-nos a publicação dos donativos recebidos:

Quantia publicada	110$200
Antonio Lima e Castro	5$000
D. Celeste Bonfochi	5$000
Cel. Leão Pio de Freitas	10$000
D. Carlita Fonseca	2$000
Alvaro Barbosa Giesta	3$000
Sebastião Avelino	2$000
Manuel Fernandes Leitão	2$000
Josué Mendes Ribeiro	1$000
Centro Fé, Esperança e Caridade (da Fazenda Vallim)	20$000
D. Maria Rosa	5$000
Cyro Alcantara	5$000
D. Indiana Correa	2$000
Alberto Rezende	13$000
João Rodrigues	1$000
Francisco Coelho dos Santos	10$000
Major Joakim Gabriel de Carvalho	5$000
Capm. Leão Dantas	20$000
Artaxerxes Molinari	2$000
D. Hermetti Molinari	2$000
Augusto Ferreira	3$000
José Ferreira	1$000
Juca Jordão	5$000
Salviano Alves	5$000
C. A.	1$500

Frederico Arnoldi, 2 litros de arroz, 2 pac. farinha.

D. Chiquita Fonseca, 2 litros de arroz, 2 k. de café.

Jorge Simão Kfoury, 1 cobertor.

(No p. n. daremos o restante)

roupas novinhas. A semelhança de cor era um detalhe insignificante, afinal, estavam vestidos decentemente.

Mas não eram distribuídos apenas vestuários. Schutel comprava fardos de cobertores e depois lhes entregava, juntamente com as roupas e com os mantimentos.

As campanhas de Natal contavam com amplo apoio popular, pois os habitantes da cidade sabiam que tudo o que fosse entregue para Cairbar seria destinado à pobreza de Matão.

Nessas épocas, o jornal *O Clarim* publicava a lista de colaboradores como forma de reconhecimento e, também, para mostrar que aquele trabalho não se realizava sem o apoio popular.

CAPÍTULO 26

Efervescentes anos 30

CAIRBAR SCHUTEL, JÁ NA CASA DOS 60 ANOS, ERA RE-conhecido como um homem honrado. Apesar de todas as dificuldades que enfrentara, era uma pessoa de bem com a vida, alegre, solidário e sempre elegante. Numa das idas a São Paulo, ao desembarcar com seu sobretudo dobrado no braço e chapéu coco, recebeu continência dos guardas, que o confundiram com o presidente Washington Luiz[95].

Seus propósitos de justiça e suas ações em prol do ser humano não deixavam dúvidas: aquele espírito inquieto se purificara. A descoberta da Espiritualidade o tornara melhor. Livre de preconceitos e cheio de coragem, enfrentou inúmeras contrariedades. O seu exemplo de bondade calou muitos, principalmente os religiosos intolerantes da época.

Cairbar sabia que a Igreja Católica era devotada ao bem e que preconizava os ensinos de Jesus. Mas percebia que, verificando a história, os próprios homens a haviam corrompido.

Voltaire estaria certo ao afirmar: "Eu não acredito no

---

[95] Washington Luiz foi presidente do Brasil de 15 de novembro de 1926 até 24 de outubro de 1930, quando foi deposto.

deus que os *homens* criaram, mas acredito no *Deus que criou os homens*"[96].

Anos 30.

Cairbar lançou o livro *O Espírito do Cristianismo*. Iniciou a obra com expressiva prece a Jesus, agradecendo aos amigos Luiz Carlos Borges e esposa, à tia Francisca, ao Espírito Gabriel Delanne[97], e a dois seres inesquecíveis:

> A Meus Pais: 1868-1877
>
> Nunca vos esqueci, mantenho a grata lembrança dos cuidados que nos proporcionastes, para que um dia eu pudesse ser útil aos meus semelhantes[98].

Em 1931, os espíritas se mobilizaram numa ação conjunta para defenderem os direitos de liberdade religiosa.

Um decreto de Getúlio Vargas reintroduzia o ensino religioso nas escolas públicas, em caráter facultativo. Em outras palavras, era como se o Governo quisesse transformar novamente o catolicismo romano, por ser adepto da maioria da população, na religião oficial do país.

Pela gravidade do assunto, uniram-se a igrejas – exceto à Católica Apostólica Romana – e a associações religiosas, huma-

---

[96] François-Marie Arouet (Paris, 21 de novembro de 1694 – Paris, 30 de maio de 1778), mais conhecido pelo pseudônimo Voltaire, foi um escritor, ensaísta, deísta e filósofo iluminista francês conhecido pela sua perspicácia e espirituosidade na defesa das liberdades civis, inclusive liberdade religiosa e livre comércio. Disponível em Wikipédia:<http://pt.wikipedia.org/wiki/Voltaire>. Acesso em: 31.out.2009.

[97] François-Marie Gabriel Delanne (Paris, 1857-1926) foi um dos primeiros pesquisadores espíritas notórios. Sua pesquisa sobre a mediunidade é conhecida no contexto do problema mente-corpo.

[98] SCHUTEL, Cairbar. *O Espírito do Cristianismo*. Matão-SP: O Clarim, 1930.

nitárias, culturais e filosóficas de todo o país para defenderem os direitos conquistados na Constituição de 1891, pois corriam o risco de ter seus direitos à crença revogados.

Como o Espiritismo pregava a liberdade de consciência, não poderia admitir que a Igreja viesse a se institucionalizar, predominando acima das demais correntes do pensamento. Todos que defendiam a liberdade de credo – religiosos, liberais, maçons, etc. – uniram-se, formando a Coligação Nacional Pró--Estado Leigo.

A Coligação foi fundada em 17 de maio de 1931, com sede no Rio de Janeiro. De caráter apolítico, a comissão não pregava contra o catolicismo nem contra os religiosos da Igreja Católica. Desejava apenas preservar o livre pensamento/credo como direito adquirido do cidadão brasileiro.

Várias correntes filosóficas e religiosas tiveram representantes na diretoria. Um dos presidentes dessa Coligação foi o espírita Dr. Artur Lins de Vasconcelos Lopes.

O país se mobilizou e foram criados comitês em centenas de cidades brasileiras. Na cidade de São Carlos, os espíritas criaram um comitê formado pelas principais lideranças da região: Dr. Joaquim de Souza Ribeiro, presidente; Francisco Volpe, vice-presidente; Cairbar Schutel, secretário-geral; Antonio Basso, primeiro-secretário; João Fusco, segundo-secretário; Pedro Brochieri, terceiro-secretário; Francisco Crestana, tesoureiro; e Francisco Caetano de Paula e Umberto Brussolo, comissão auxiliar.

Schutel se empenhou como pôde nessa causa: publicou matérias nos periódicos e promoveu discursos em toda a região, afinal, ele se tornara especialista em defender causas humanitárias.

Num desses discursos, programado para se realizar na cidade de Dobrada (SP) – à época, distrito de Matão –, Cairbar inovou.

No cinema local, onde fora marcada uma conferência sobre a liberdade de consciência, estavam apenas Cairbar, seus inseparáveis amigos Leão Pitta e José da Costa Filho e mais dois assistentes.

A plateia estava cheia – de Espíritos. Ninguém acedera ao convite formulado.

Schutel até poderia aceitar essa indiferença se fosse por uma palestra doutrinária sobre Espiritismo. Mas esse não era o caso.

Naquela época, não havia muitos recursos tecnológicos para anunciarem eventos, como megafones ou peruas com alto-falantes.

Vendo os assentos vazios e inconformado com o desinteresse do povo por um assunto que considerava de caráter geral, mandou comprar uma dúzia de rojões.

Seguiram para a porta do cinema. Os três amigos tomaram os bastões. Cada um com o braço esticado, segurando um foguete, iniciou os acendimentos dos pavios. Os disparos ecoaram na pequena vila.

Na primeira espocada, os estouros chamaram a atenção de alguns senhores que conversavam na esquina e de transeuntes que por ali passavam. Janelas e portas foram abertas. Crianças também se aproximaram.

Prepararam nova investida. Braços esticados. Som de pavios queimando. Três garotinhos assistiam de perto com os dedos nos ouvidos. Novos disparos ressoaram pelos céus da região.

O guarda apareceu, a princípio, assustado. Pessoas começaram a se aproximar, vencidas pela curiosidade.

Em poucos minutos, o cinema estava lotado. Cairbar proferiu substanciosa palestra a favor da Coligação Pró-estado Leigo.

A Coligação defendia os seguintes princípios:

a) – Plena liberdade a todos os brasileiros de se associarem, de se reunirem e de expressarem seus pensamentos, pela imprensa, pela tribuna, pelo rádio, etc., dentro da ordem e da lei;

b) – Absoluta separação entre as igrejas e o Estado;

c) – Igualdade e liberdade de todos os cultos perante a lei;

d) – Laicidade do ensino em todas as escolas oficiais, de modo que qualquer faculdade de instrução religiosa não interfira com este princípio;

e) – Nenhuma interferência do Estado nas funções de qualquer igreja;

f) – Nenhuma intromissão de atos religiosos nas solenidades cívicas, a fim de evitar coação ou constrangimento;

g) – Nenhuma distinção, entre brasileiros, ou mesmo entre estrangeiros, em virtude de maioria de adeptos por parte de qualquer religião, visto que todas as igrejas são iguais perante a lei e funcionam dentro do direito comum, que não reconhece maiorias nem minorias em matéria espiritual;

h) – Será permitida a assistência espiritual, quando solicitada, nos estabelecimentos de internação coletiva, sem remuneração e contanto que não haja constrangimento dos favorecidos;

i) – Secularização dos cemitérios com todos os princípios decorrentes, ficando a cargo da autoridade pública[99].

Uma voz expressiva da época, a jornalista, escritora, poetiza e católica, Cecília Meireles (1901-1964), assim se expressou no *Diário de Notícias* de 2 de maio de 1931:

> O Sr. Getúlio Vargas, assinando o decreto antipedagógico e antissocial que institui o ensino religioso nas escolas, acaba de cometer um grave erro. É preciso que se diga isso com sinceridade. Este decreto vai ser a porta aberta para uma série de tristes ocorrências. Por ele poderemos chegar até às guerras religiosas. É justamente em atenção aos sentimentos de fraternidade universal que a escola moderna deve ser laica. Laica não quer dizer contrária a nenhuma religião, somente: neutra, isenta de preocupações dessa natureza. [...]
>
> Mas ainda há mais. Como as crianças desconhecem o problema de que tratam, em toda a sua extensão, como não podem refletir sobre ele, não sabem o que significa, e recebem os mais vários e nocivos estímulos do mundo dos adultos, acontece inevitavelmente que as crianças que estudam uma religião dirão, às de outras, sem saber o que dizem, e o mal que estão causando, por culpa deste decreto:
>
> – Que vergonha! O seu pai é protestante...
>
> – Vergonha para você, que é filho de católico!

---

[99] MONTEIRO, Eduardo Carvalho Monteiro; GARCIA, Wilson. *Cairbar Schutel: o Bandeirante do Espiritismo.* Matão-SP: O Clarim, 1988. p. 185.

– Chi! Aquele é espírita!

– Aquele ali é positivista!

– Que é positivista?

– Não sei, não... É maçon...

– Maçon?

– É... Tem parte com o diabo...

– Credo!

Por aí afora... [...]

O mal, porém, está cometido, e só resta a esperança de que possa vir a ser reparado com um governo mais coerente com a Revolução, e realmente interessado pelo bem-estar do povo, quer dentro dos limites nacionais, quer na sua projeção fraternal no mundo[100].

Apesar de muita luta, Cairbar não veria a Coligação atingir seus objetivos. As escolas implementaram o ensino religioso, em que predominava a religião católica apostólica romana. O aluno que professasse outra religião que não a católica teria que se retirar da sala de aula em que a professora iria ensinar religião, sem ganhar falta ou perder nota, afrontando a cólera da mesma professora e a adversidade dos alunos do credo da maioria. Cairbar e todos os que lutaram por um país laico tiveram que engolir esse retrocesso no sistema de ensino brasileiro por muitos anos.

Muitos acontecimentos ainda marcariam a década de 1930, que estava apenas começando.

---

[100] COMENTÁRIO – Como se originam as guerras religiosas, por Cecília Meireles (1901-1964). *Diário de Notícias*, 2 maio 1931. p. 7. (acervo BNDigital)

Capítulo 27

9 de julho

O ANO DE 1932 FOI MARCADO POR UM TRISTE ACONTE-cimento no Estado de São Paulo. Começou no dia 23 de maio, durante um protesto contra o Governo Federal. Quatro jovens foram mortos numa manifestação de rua pelas tropas de Getúlio Vargas. Criou-se um movimento de resistência, cujo nome era composto pelas iniciais dos nomes das quatro vítimas, formando uma sigla, o MMDC – Martins, Miragaia, Dráusio e Camargo. Eles se tornariam símbolos do movimento constitucionalista.

O clima estava pesado. Os paulistas não aceitavam o interventor nomeado para governar São Paulo, o tenente pernambucano João Alberto Lins e Barros. Procurando atender às pressões, Getúlio Vargas nomeou – um paulista – Dr. Pedro Manoel de Toledo. Mas os paulistas queriam mais: exigiam novas eleições e a convocação de uma Assembleia Nacional Constituinte para elaboração de uma nova Constituição para o país.

Cairbar Schutel não misturava política com Espiritismo, mas diante da gravidade do quadro que se desenhava no Estado, não deixou de publicar algumas reflexões nas páginas dos periódicos:

> A política é o principal fator do progresso das nações. Sem ela o homem não vive, não se liberta dos prejuízos do passado, não se orienta nos seus deveres sociais, não exerce os seus direitos de cidadão, como membro que é, da grande colmeia nacional, não exerce os seus direitos intelectuais, morais e cívicos. [...]
>
> A moralidade é a pedra de toque para o exercício da política, desde o simples eleitor ao mais alto posto do Governo, mas ainda não é tudo porque tudo pertence ao ideal.
>
> O ideal encerra e sintetiza todos os preceitos e mandamentos da política com os seus princípios de **ordem e progresso** e de saúde e fraternidade, brasões inscritos na nossa bandeira e subscritos nas cartas oficiais. [...]
>
> A política é, pois, o fator do progresso dos povos e das nações, e no dia em que o nosso país, sob o domínio de uma plêiade de espíritos progressistas, desfraldar a bandeira da política, na extensão ampla da palavra, a luz raiará nos cimos estrelados da nossa constelação, e os brasileiros unidos pelo mesmo ideal marcharão em conquista das glórias que nos estão reservadas[101].

Na edição final daquele mês, Cairbar foi um pouco mais direto, chamando a atenção para os valores impressos na Bandeira do Brasil:

> As ideias sectárias, escravagistas, se esboroam como montes de neve batidos por um sol ardente.

---

[101] SCHUTEL, Cairbar. Um pouco de política. *O Clarim,* Matão-SP, 11 jun. 1932. p. 2.

A política profissional já perdeu todo o valor com as sucessivas revoluções que se impõem pelo ferro e pelo fuzil, para domar a fúria das ressurreições partidárias que tecem planos sinistros entre os bastidores.

A instrução, de reforma em reforma, parece caminhar para um liberalismo geral de profissões, como meio de transição entre uma época que termina e outra que se esforça para nascer.

O capitalismo está, pode-se dizer de bancarrota e os seus maiores expoentes são os próprios a confessar a proximidade de seu fim. [...]

Possam os elementos revolucionários do nosso país, que se interessam pelo nosso destino, se arregimentarem sob a égide do Espírito da Verdade e inspirados pelos gênios tutelares do Brasil, concorrerem para o estabelecimento do Reinado da Luz, tão bem interpretados pelos brasões do nosso auriverde com a sua edificante inscrição: **Ordem e Progresso**.[102] (grifo nosso).

Articulistas preocupados com o clima tenso em todos os setores da sociedade também mandavam o seu recado aos espíritas:

Não será necessária a criação; contraindicada e negativa, de um partido político, mas a coesão, desde já, dos espíritas, num altruístico impulso de fraternidade e de indulgência. Cerrar fileiras, numa palavra, em torno do Evangelho e, identificados com o seu espirito, preparar-nos para mostrar ao mundo que só os que seguem a Jesus, não dos lábios, mas com os sentimentos e os atos, são capazes de realizar aquele ideal do homem que edificou a sua casa

---

[102] SCHUTEL, Cairbar. Transformação Política. *O Clarim*, Matão-SP, 25 jun. 1932. p .2.

sobre a rocha, contra a qual foram impotentes as inundações e os temporais, eis o que nos cumpre.

Porque, se desertamos o nosso ministério, quem nos substituirá na hora da catástrofe e com quem contará o Mestre para derramar a sua misericórdia entre os aflitos? Pensaram nisso os entusiastas das improvisações mundanas? Oração e vigilância, portanto, é o que momento atual nos aconselha se não queremos também sucumbir às ciladas do inimigo.

LEOPOLDO CIRNE [103]

Os ânimos dos paulistas estavam exaltados. Algo de muito ruim estava para acontecer. Apesar do clima tenso, em Matão, o trabalho continuava. Cairbar continuava produzindo e divulgando o Espiritismo com exemplar devoção. Em julho, lança *A Vida no Outro Mundo*. Baseado numa conferência que proferiu, o livro abordava as formas de vida em outros mundos e também falava sobre colônias espirituais.

O tema política ainda estava em pauta. As tensões estavam aumentando. Cairbar dedicou mais um artigo n'*O Clarim* para chamar a atenção sobre o tema político:

A astucia na política é o meio de conquistar posições e de satisfazer bastardos interesses. A astucia é a escada por onde sobem os demagogos que oprimem o povo e pervertem as nações. Insubmissos, de caráter levedado por preconceitos milenários de raça, de família, de sabedoria, de religião, eles sobem ao poder para desorganizar toda a máquina administrativa que vive com as sucessivas

[103] CIRNE, Leopoldo. Espiritismo político? *O Clarim*, Matão-SP, 18 jun. 1932. p. 2.

mudanças de homens, em reformas e em concertos feitos sempre por mãos inábeis. Donde provém a ignorância das massas, a indolência, a vagabundagem que perambula infrene, o grito de fome e de anarquia que soa de um a outro ponto do globo? [...]

Os astutos são sempre os audazes, cuja incompetência, orgulho e egoísmo originam as crises terríveis que, por vezes, assoberbam os povos desvalorizando o caráter e conduzindo as massas para um materialismo opressor, uma materialidade abjeta.

A demagogia é a eterna incitadora das más paixões, a causa de depressão social, inimiga da Luz, da Verdade e do Progresso[104].

Os grupos revolucionários, aliados a outros movimentos políticos, iniciam no dia 9 de julho a Revolução Constitucionalista de 1932. Os paulistas estavam em guerra contra o governo de Getúlio Vargas.

Tropas paulistas são enviadas para vários pontos do Estado. O Governo Federal tinha um número bem maior de combatentes, além de estar melhor equipado. Houve vários ataques na capital e no interior com bombardeios aéreos e mortes. Outros estados que apoiariam São Paulo não entraram na briga. Os paulistas ficaram isolados. Em três meses de guerra, os paulistas se renderam. Ato contínuo à rendição, muitas prisões e cassações ocorreram antes que o Estado retomasse a ordem.

Mesmo derrotados militarmente, os paulistas sentiriam um gosto de vitória, porque conquistaram de Getúlio Vargas a

---

[104] SCHUTEL, Cairbar. Astucia e Demagogia. *O Clarim*, Matão-SP, 2 jul. 1932. p. 2.

garantia da realização de eleições para a Assembleia Nacional Constituinte. Essa Assembleia elaborou a nova Constituição do Brasil, que seria promulgada em julho de 1934.

A Revolução Constitucionalista de 1932 foi o maior confronto militar do Brasil ocorrido no século XX.

Entre julho e outubro de 1932, Cairbar teve que se reorganizar. Suspendeu a impressão dos periódicos no período de guerra civil e retornou à circulação somente em meados de outubro:

O nosso último número circulou a 16 de julho.

Preso às divisas do Estado de S. Paulo e naturalmente sujeito à censura, embora não militemos nas fileiras políticas, e sendo a nossa maior circulação nos demais Estados Brasileiros, julgamos de bom alvitre suspender a publicação, demonstrando assim a nossa consideração e simpatia para com todos os nossos amigos, colaboradores e assinantes que vêm permutando conosco os seus afetos.

Hoje entramos novamente na liça. A nossa orientação continua inalterada, INNOVARE OMNIA, renovar tudo em Cristo.

Nenhum prejuízo material tiveram os nossos leitores, pois que, aos assinantes, serão descontados os três meses de falha.

A todos, as nossas cortesias e votos de paz e progresso.

A Diretoria da Revista (RIE) nos informa que os números de setembro e outubro saíram a 15 do corrente, num só exemplar de aumentado número de páginas, devido a situação anormal de S. Paulo, que ocasionou a suspensão da correspondência[105].

Seria inimaginável ver Cairbar Schutel participando da revolução e, muito menos, ficar de braços cruzados esperando a guerra terminar. O melhor que poderia fazer era trabalhar.

No período da revolução, ou, sendo mais preciso, em um mês e cinco dias, Cairbar tomou a pena e escreveu *Vida e Atos dos Apóstolos,* que sairia do prelo no ano seguinte. Obra de fôlego, contendo 423 páginas, "compreende 80 capítulos, explicativos dos 28 existentes nos Atos dos Apóstolos, encravados no Novo Testamento. Além disso, esta obra põe em relevo trechos principais das Epístolas e Cartas de Paulo, São João, São Tiago, São Judas, São Pedro, etc."[106]

[105] NOTA. *O Clarim,* Matão-SP, 15 out. 1932. p. 3.

[106] O CLARIM. Matão-SP, 25 mar. 1933.

CAPÍTULO 28

Chico Xavier entra em cena

O DIA 9 DE JULHO DE 1932 NÃO FICARIA MARCADO NA memória dos paulistas somente como a data do início da Revolução Constitucionalista de 1932.

Nesse mesmo dia, a Federação Espírita Brasileira (FEB), lançou um interessante livro, psicografado por um jovem de 22 anos chamado Francisco Cândido Xavier[107].

O médium Chico Xavier estava iniciando uma jornada missionária, que resultaria em intensas manifestações de fenômenos, em especial a psicografia, numa produção literária que ultrapassaria 400 livros. A sua atuação na caridade também foi exemplarmente destacada. Chico ajudou os pobres com pão material e espiritual.

O livro que acabava de sair do prelo chamava-se *Parnaso*[108] *de Além-Túmulo*. Como o título assinalava, a obra era uma antologia de poemas, cujos autores eram poetas conhecidos,

---

[107] Francisco Cândido Xavier (2/4/1910-30/6/2002). Seu nome de batismo é Francisco de Paula Cândido, em homenagem ao santo do dia de seu nascimento.

[108] *Parnaso* significa morada simbólica dos poetas.

porém, desencarnados. Todos teriam sido psicografados pelo ainda desconhecido médium mineiro. Em outras palavras, os autores, do outro plano da vida, teriam tomado da mão do médium para escreverem textos inéditos.

O Espiritismo tradicionalmente já atraía a ira dos católicos e de outras correntes religiosas. Chico Xavier chegou inovando, atraindo outra categoria de pensadores: os literatos e intelectuais brasileiros.

Os movimentos contra e a favor do *Parnaso* ajudaram em muito a divulgação da obra.

Era inadmissível para alguns críticos, poetas e membros da Academia Brasilei-

BIBLIOGRAPHIA

Parnaso de Além Tumulo. — Poesias mediumnicas, por Francisco Candido Xavier.

A Livraria da Federação acaba de publicar, em livro, varias poesias do Além, recebidas psychographicamente por Francisco Candido Xavier. Assignam-n'as Guerra Junqueiro, Augusto dos Anjos, Anthero de Quental, Auta de Sousa, Bittencourt Sampaio, Casimiro de Abreu, Castro Alves, Pedro de Alcantara, João de Deus, Sousa Caldas e outros.

Sobre a personalidade de Francisco Xavier e a maneira por que recebeu as alludidas poesias, diz no prefacio o nosso companheiro Manoel Quintão que, em critica ligeira e agradavel, salienta o valor da obra e prova a realidade das communicações.

Francisco Xavier tambem nos diz alguma coisa sua nas paginas felizes que têm o titulo de **Palavras minhas**.

(«Reformador» de 1º/11/1932, págs. 544/545.)

ra de Letras, que um jovem que havia estudado somente até a quarta série primária *se atrevesse* a escrever sonetos e poesias atribuídos a Augusto dos Anjos, Anthero de Quental, Castro Alves, Casimiro de Abreu, D. Pedro II e outros. Para quem não aceitava a reencarnação, e muito menos a comunicabilidade entre "mortos" e "vivos", realmente ficaria difícil de admitir essa possibilidade.

Naquela última edição de *O Clarim,* antes da suspensão dos periódicos, Cairbar já havia incluído o título do livro na lista de obras da livraria, frequentemente divulgados no jornal. *O Parnaso de Além-Túmulo* era vendido por 5$000[109].

O escritor e jornalista Humberto de Campos (1886-1934), ainda encarnado quando do lançamento de *Parnaso de Além-Túmulo,* no auge de sua carreira, foi um dos membros da Academia Brasileira de Letras que escreveu favoravelmente à obra, de uma forma até divertida.

> Lidando nesta vida com os espíritos medíocres que frequentam a casa de comércio em que trabalha, Francisco Candido Xavier tornar-se mais exigente no reino das sombras, buscando, nele, para conversar, inteligências superiores, homens de letras e, especialmente, poetas, que já haviam passado por este mundo. [...]

> O primeiro pensamento que assalta o leitor, antes de examinar o merecimento literário da obra, é a ideia de que, nem no outro mundo, estará livre dos poetas. A poesia é uma predestinação de tal modo fatal, irremediável, que a vítima não se livra dessa maldição nem mesmo depois da morte. [...]

> O "Parnaso de Além-Túmulo" do sr. Francisco Candido Xavier torna-se, por isso mesmo, interessante para os poetas vivos, embora constitua uma terrível ameaça para os que detestam linguagem rimada ou ritmada. [...]

> Eu faltaria, entretanto, ao dever que me é imposto pela consciência se não confessasse que, fazendo versos pela pena do sr. Francisco Candido Xavier, os poetas de que ele é intérprete apresentam as mesmas características

---

[109] LIVRARIA D'O CLARIM. *O Clarim,* 16 jul. 1932. p. 3.

de inspiração que os identificavam neste planeta. Os temas abordados são os que os procuravam em vida. O gosto é o mesmo. E o verso obedece, ordinariamente, a mesma pauta musical. [...]

Se eles voltam a nos fazer concorrência com os seus versos perante o público e, sobretudo, perante os editores, dispensando-lhes o pagamento de direitos autorais, que destino terão os vivos que lutam hoje, com tantas e tão poderosas dificuldades?[110]

A primeira edição do livro trazia 60 poemas, assinados por nove poetas brasileiros, quatro portugueses e um anônimo. Novas edições foram publicadas a partir de 1935, com a inclusão de novos poetas e novos poemas até a 6ª edição, em 1955, aumentando para 56 autores, conhecidos e anônimos.

Curiosamente, Humberto de Campos, falecido em 1934, viria a compor o time de escritores desencarnados do *Parnaso de Além-Túmulo,* já na segunda edição do livro, publicada em 1935:

Hão de estranhar que os mortos prossigam com as mesmas tendências, tangendo os mesmos assuntos que aí constituíam a série de suas preocupações. Existem até os que reclamam contra a nossa liberdade. Desejariam que estivéssemos algemados nos tormentos do inferno, em recompensa dos nossos desequilíbrios no mundo, como se os nossos amargores, daí não bastassem para nos inclinar à verdade compassiva. Individualmente, é indubitável que

---

[110] CAMPOS, Humberto de. Poetas do outro mundo. *Diário Carioca,* Rio de Janeiro (RJ), 10 jul. 1932. p. 1-4. (acervo BNDigital)

possuímos, no Além, o reflexo das nossas virtudes ou das nossas misérias. (Espírito Humberto de Campos)[111].

O Espírito Humberto de Campos passaria a ser valoroso parceiro de Chico Xavier na produção de livros memoráveis. Alguns familiares de Humberto de Campos reclamaram em juízo os direitos autorais pelas obras psicografadas. A FEB defendeu o médium perante a justiça, que não teria condições de reconhecer a obra do autor pós-morte. Por causa disso, nos livros ditados pelo Espírito Humberto de Campos passaram a identificá-lo pelo pseudônimo de Irmão X.

Chico Xavier, naquela época, teria conhecido o respeitável jornal *O Clarim*, tornando-se seu admirador e vindo a trocar, inclusive, algumas cartas com Schutel.

Os dois se encontraram pessoalmente, encarnados, somente uma vez. Era o ano de 1937. Chico estava com 26 anos, Cairbar com 69.

A Sociedade Metapsíquica de São Paulo, presidida pelo Dr. João Batista Pereira, organizou no final de março daquele ano a Semana Metapsíquica. O evento reuniu centenas de espíritas, na sede da Sociedade, e o encerramento no Teatro Municipal de São Paulo, com programação de música, canto e substanciosas palestras. A solenidade foi, inclusive, irradiada pela Diffusora de São Paulo.

Em entrevista realizada em 1967 para a *RIE*, o próprio Chico relatou o seu encontro com Cairbar Schutel em São Paulo:

---

[111] XAVIER, Francisco Cândido. (Espíritos diversos). "De pé, os mortos!", pelo Espírito Humberto de Campos. In: *Parnaso de Além-Túmulo*. Rio de Janeiro: Federação Espírita Brasileira, 1935.

Achava-me hospedado na residência do nosso confrade, hoje desencarnado, Dr. João Batista Pereira, à rua Júpiter, no bairro da Aclimação, quando Cairbar, com muita gentileza, apareceu para um abraço. Conversamos, ele, Dr. Batista Pereira e eu, sobre nossos ideais doutrinários, notadamente sobre a divulgação do Espiritismo através do rádio, por mais de uma hora. Em seguida, saímos para uma visita ao Dr. Militão Pacheco, que se achava retido no lar para tratamento de um braço. Depois dessa visita, despedimo-nos. Lembro-me que Dr. Batista Pereira pediu a ele, Cairbar, velar pela própria saúde, afirmando que o achava fisicamente muito abatido. "Seu" Schutel sorriu e prometeu cuidar-se. Desde então, em corpo físico, não mais o vi[112].

Cairbar dedicou uma coluna nas páginas de *O Clarim*, em que relata a participação do médium mineiro no respectivo evento:

Após a conferência do Dr. Scholders, o médium Francisco Xavier transmitiu uma comunicação de seu guia Emmanuel, em inglês, e com escrita invertida da direita para esquerda. Depois disso, transmitiu ainda dois sonetos, um de João de Deus e outro de Augusto dos Anjos, e em seguida uma comunicação de Humberto de Campos, verdadeira peça literária[113].

---

[112] Entrevista concedida a Wallace Leal Rodrigues, publicada na *RIE - Revista Internacional de Espiritismo*, Matão-SP, jul. 1967.

[113] SEMANA Metapsychica. *O Clarim*, Matão-SP, 10 abr. 1937. p. 2. (acervo BNDigital)

Capítulo 29

No ar... O Espiritismo!

Em meados dos anos 1930, Matão era uma cidade bem desenvolvida e sua maior riqueza provinha do campo. A população rural era bem maior do que a urbana: 32.700 pessoas moravam nas fazendas e 3.900 na cidade[114].

Cairbar Schutel caminhava para seus 70 anos. Embora com a disposição de um menino, o Bandeirante do Espiritismo já apresentava alguns sinais de cansaço. Contudo, Cairbar prosseguia, confiante. E não podia ser diferente. Todas as atividades iniciadas haviam sido melhoradas. A farmácia era o seu ganha-pão, e dela, além do sustento, promovia a saúde de muita gente. Ela também era conhecida como a farmácia dos pobres. *O Clarim*, órgão de propaganda espírita, científico, filosófico e noticioso, desenvolveu-se como um autêntico veículo de comunicação espírita e, com tanta competência, ganhou a irmã, *RIE*, irradiando luzes de conhecimento em todos os aspectos do Espiritismo. A base sempre seria Allan Kardec.

A prática da caridade, tão preconizada pela Doutrina

---

[114] LEITE, Azor Silveira. "Estatística do Município". In: *Introdução para uma História de Matão*. Matão-SP: Ind. Matonense de Artes Gráficas IMAG Ltda., 1990.

Espírita, fazia parte da vida de todos os que rodeavam aquela instituição. Cairbar acolhia, em seu próprio lar, pobres e desafortunados, dava emprego e oportunidades para muitos e fazia, de todo aquele tesouro, um pedaço de sua família. Era frequente a arrecadação de donativos para doação, que era repassada para os necessitados e, ainda, aos presidiários, que nunca foram desprezados por Cairbar. As visitas nas fazendas continuavam, como farmacêutico e também como espírita.

Adalgisa de Lourdes Antunes Rosito, ou simplesmente Ziza, nasceu e residiu durante muitos anos em uma fazenda em Matão chamada Palmares. Filha do Sr. Benedicto José Antunes, guarda-livros e administrador de fazenda, Ziza tinha dez irmãos, sendo que dois deles lutaram por Matão durante a Revolução de 1932. Esses atos de heroísmo, bravura e amor à pátria foram reconhecidos, tanto que Adalberto e Arthur Antunes se tornaram nomes de ruas em Matão.

No tempo em que morou na fazenda, Ziza pôde presenciar várias visitas de Cairbar nas quais verificava fenômenos que ocorriam por lá. Certa vez, algumas pedras caíram no telhado sem a participação de nenhum atirador encarnado. Segundo Ziza, as pedras identificadas encontravam-se quentes quando da queda. Cairbar teria dito tratar-se de Espíritos brincalhões. Em outra oportunidade, uma mulher apática e incomunicável, que estava hospedada na casa de administração da fazenda, provavelmente fora acometida por algum processo obsessivo. Ao perceber a chegada de Schutel, chamado para ajudar, a mulher começou a gritar "eu não quero Espiritismo! Eu não quero Espiritismo!". Cairbar sempre tinha um jeito especial para acolher aqueles que sofriam as mazelas da obsessão e, assim, ajudou a mulher.

Em 1936, com 13 anos de idade, Ziza e família se mudaram para o centro de Matão porque seu pai arranjara outro emprego. Foram morar na mesma rua do *Centro Espírita Amantes da Pobreza*, a alguns metros de sua casa. Pela proximidade com a família Perche, a moça conseguiu o seu primeiro emprego na editora, na qual ajudava a datilografar, a etiquetar e a dobrar os periódicos. Assim, Ziza seguiu como testemunha da grande empreitada de Cairbar.

Nos anos 1930, o rádio se popularizou no Brasil e viveu a chamada *Era de Ouro*. Conforme estatísticas da época, existia no país meio milhão de aparelhos de rádio[115].

Em 1935, foi inaugurada a Rádio Jornal do Brasil no Rio de Janeiro. Getúlio Vargas instituiu um programa oficial do governo chamado *A Hora do Brasil*[116]. Surgem os primeiros programas de auditório e, com eles, os primeiros ídolos, como Linda Batista, Araci de Almeida, Francisco Alves, Carmen Miranda, Orlando Silva, Sílvio Caldas, entre outros.

As portas das rádios eram locais típicos de tietagem. Atores da voz, músicos e comentaristas que não eram conhecidos visualmente matavam a curiosidade de fãs que tivessem o ouvido apurado para reconhecê-los pelas vozes – quando não os identificassem nos jornais ou nas revistas.

Num tempo em que ainda não existia TV no Brasil – e a inimaginável internet chegaria no final do século XX –, o rádio ocupava a atenção da maioria dos lares no país. O grande caixote de madeira funcionava com base em válvulas eletrônicas. Era

[115] CORREIO PAULISTANO, 1 abr. 1937. p. 17. (acervo BNDigital)

[116] O programa foi criado em 22 de julho de 1935 com o nome *A Hora do Brasil*. A partir de 1971, por ordem do presidente Emílio Garrastazu Médici, passou a chamar-se *A Voz do Brasil*.

necessário ter paciência, mas valia a pena. Ao ligar o aparelho, as válvulas acendiam no interior da caixa. Em alguns segundos – ou minutos, dependendo do modelo – iniciava um chiado e, em seguida, surgia o som.

Os espíritas já haviam se aventurado em divulgar a doutrina pelas ondas do rádio pelos idos de 1932. Dificuldades nesse campo também não faltaram.

Em carta destinada a Cairbar, do confrade Henrique Andrade – Rio de Janeiro (RJ) –, é possível entender o grande desafio que era pretender um espaço no rádio. Henrique foi um dos pioneiros naquele estado a transmitir informações sobre o Espiritismo via éter:

> Meu Caro Cairbar. Muita Paz.
>
> […] venho cumprir o meu dever de lhe agradecer muitíssimo a sugestão que me enviou para a formação aqui do "Departamento de Propaganda pelo Rádio". Como o meu bom amigo, eu também sustento a opinião de que o melhor meio de propaganda na hora agitada e rápida que vivemos é a que se faz através do Espaço, pelas irradiações radiofônicas. […]
>
> Hoje, rara é a casa que não tem uma instalação de rádio: rara é a casa em que todas as noites, durante e após o jantar, não ouça, pela transmissora de Rádio, música, discurso, notícias sensacionais e outras vezes desagradáveis. […]
>
> Assim, eficientíssima será sempre a propaganda da nossa Doutrina pelo Rádio, desde que ela seja feita, selecionadamente, com critério e versando assuntos que possam interessar aos que não são espíritas, despertando-os para o conhecimento da Doutrina. […]

Falei durante dois anos consecutivos através do microfone da Rádio Educadora sobre Espiritismo. [...]

Durante toda a Revolução de 1932, quando a censura sobre os Rádios era tremenda, eu não parei uma só noite de falar, a despeito mesmo das várias ameaças que recebia de ser assaltada a estação por dificultar a irradiação de São Paulo. Posso afiançar-lhe que falei mesmo entre metralhadoras e força armada.

Depois, a Direção da Educadora entendeu de não mais permitir que eu falasse gratuitamente, alegando dificuldades. [...]

O clero aqui tudo faz para evitar que a luz se levante. Certa vez, o proprietário da oficina em que é impresso o nosso "Mundo Espírita" foi convidado por um ilustre reverendo a não mais imprimir "Mundo Espírita" sob a promessa de lhe ser dado novas impressões de maior valor e melhores resultados. Felizmente, o proprietário da oficina soube responder que era negociante e não podia recusar trabalho que lhe compensasse o seu capital. Vê, pois, o meu querido amigo, que, por enquanto, nada poderemos fazer, mas espero e creio que, em breve, essa compreensão clerical arrefecerá, para permitir que possamos mostrar a luz a quantos nos queiram ouvir. [...]

Aproveitando o ensejo, junto lhe envio Rs. 24$000 para a reforma da minha assinatura da Revista, que cada vez mais se impõe como gênero de primeira necessidade em todas as boas bibliotecas[117].

Cairbar Schutel conseguiu um espaço para divulgação na Rádio Cultura de Araraquara, PRD-4, de 19 de agosto de 1936 a

---

[117] *Carta de Henrique Andrade a Cairbar,* de 10 de maio de 1937. (acervo CCDPE)

2 de maio de 1937. Quinze conferências radiofônicas intituladas como neo-espiritualistas foram ao ar nesse período. O horário era pago e patrocinado anonimamente pelos espíritas.

Domingo, 1º de novembro de 1936, duas horas da tarde.

Válvulas acesas e rádio sintonizado, Cairbar iniciou a sua conferência pelas ondas do éter, discorrendo sobre um dos seus assuntos prediletos – O Dia dos Mortos:

> Parodiando o nosso grande Castro Alves, na sua bela poesia "O Livro e a América", eu poderia começar a minha conferência, com o trechinho:
>
> *Por uma coincidência*
> *Dessas que vem do Além*
> *O dia que honra os santos*
> *Honra aos mortos também.*
>
> Assim quis Deus que tanto justos, como pecadores, recebam hoje, por este microfone, as nossas sentidas homenagens.

Fazendo uma abordagem profunda sobre o amor, prosseguiu:

> Não há poderes na Terra nem nos Céus capazes de destruir o amor; nem mesmo a morte com todos os seus aparatos e mistérios. [...]
>
> Diversos videntes têm assistido o transe da morte e têm verificado a saída do Espírito do corpo como a borboleta sai da crisálida, sem que se dê a mudança de personalidade. A individualidade permanece na outra vida com

todas as suas aquisições, e se apresenta do outro lado do túmulo tal como era até o momento de para lá se passar: com os seus vícios ou as suas virtudes, sua ignorância ou sua sabedoria. [...]

Saudade! Quem não sentirá seus eflúvios santos, quem, evocando os tempos idos, não recordará aqueles fragmentos do nosso coração que partiram, abrindo tão fundas lacunas no nosso Espírito!

Seguido de várias reflexões interessantes sobre o tema, os minutos passavam rápido. O conferencista caminhava para o encerramento, deixando uma frase para reflexão:

Numa carta que me escreveu o eminente Professor Charles Richet, um dos maiores sábios contemporâneos, concluiu com a sábia sentença: *Mors janua vitae* - "a morte é a porta da vida".

E eu concluo também a minha oração, rogando ao sapientíssimo Senhor do Universo que vivifique a vossa fé, faça pairar sobre vós o Sol da esperança e derrame os seus eflúvios santos sobre os nossos parentes e amigos que se acham para lá do véu, porque - Mors janua vitae - "A morte é a porta da vida[118].

Não dava para imaginar os padres olhando para um aparelho radiofônico que ecoasse uma conferência radiofônica espírita em plena casa paroquial. O fato é que os religiosos não deixariam passar em vão a participação de Schutel no rádio. Uma *tietagem* diferente estaria reservada ao carismático divul-

---

[118] SCHUTEL, Cairbar. "À guisa de comemoração dos mortos". In: *Conferências Radiofônicas*. 3. ed. Matão-SP: O Clarim, 1985. p. 58- 67.

gador do Espiritismo. O padre recrutou um grupo de marianos para irem vaiá-lo na porta da Rádio Cultura.

Nesse dia, ao término de mais um programa, Schutel saiu à porta e deparou-se com o pequeno grupo, que já o conhecia. Pelos olhares a ele dirigidos, Schutel percebeu não se tratar de uma recepção amistosa. Sem aparentar contrariedade e com o olhar sério, cumprimentou os presentes sem ares de superioridade. Pediu licença. Passou. O respeito e o magnetismo que irradiava não permitiam qualquer manifestação de zombaria. O grupo, que não conseguia mais encará-lo, permaneceu calado. Os marianos se entreolharam decepcionados. Ninguém se encorajou a puxar o coro.

Um trecho da carta, enviada pelo ouvinte Antonio Cruanes, da cidade de Dois Córregos (SP), mostra o poder de persuasão e o desempenho de Cairbar como radialista:

> [...] Meu amigo Schutel, quanto fiquei satisfeito de ouvir sua palestra pela Rádio de Araraquara, tanta foi minha alegria que parece ter sido um fortificante para meu corpo e para minha alma, que se engrandeceu. Apesar de o tempo aqui estar feio, foi ouvida claramente. Que beleza será quando todas as estações nos forem franqueadas, meu caro amigo! Seu tema foi ótimo, instrutivo e belo.
>
> Quem ouve sua palavra não diz que o meu amigo e irmão seja um homem alquebrado pelo trabalho insano de tantos anos, mas imagina pela voz que seja um moço cheio de vida que fala da vida; parece um jovem que está iniciando na pregação evangélica cheio de entusiasmo.
>
> Saiba, meu amigo, que por isso é que readquiri

minha coragem, já que permaneço fraco e doente de corpo [...] (Dois Córregos, 24/12/1937)[119].

As quinze edições das conferências radiofônicas tornaram-se um livro, o último produzido por Cairbar, que encerrou as transmissões no dia 2 de maio de 1937 da seguinte forma:

> Sinto-me feliz ao encerrar a primeira série de Conferências Espiritualistas por este microfone.
>
> Aguardo os desígnios divinos, para prosseguir com as nossas irradiações, cujo exclusivo escopo é: plantar a Semente da Fé naqueles que dela se acham desprovidos; e fazê-la desabrochar cheia de viço, de vigor, nos que já tiveram a felicidade de recebê-la.
>
> Agradeço-vos as provas de simpatia que dispensastes às minhas despretensiosas palestras.
>
> Que Deus vos favoreça e vos guie em vossa trajetória para a Espiritualidade.[120]

A série radiofônica não teria continuidade.

Em breve, Cairbar seria chamado a outro compromisso. Conforme se referiu na última transmissão, os "desígnios divinos" o aguardavam para uma longa viagem.

---

[119] MONTEIRO, Eduardo Carvalho; GARCIA, Wilson. *Cairbar Schutel: o Bandeirante do Espiritismo*. Matão-SP: O Clarim, 1986. p. 201-202.

[120] SCHUTEL, Cairbar. *Conferências Radiofônicas*. 3. ed. Matão-SP: O Clarim, 1985. p. 164.

Capítulo 30

Amor ao trabalho

Em mais um congresso internacional, dessa vez realizado no Reino Unido, Cairbar e os periódicos matonenses seriam lembrados. O Congresso Espírita Internacional de Glasgow realizou-se entre os dias 3 a 10 de setembro de 1937. A *RIE* e *O Clarim* foram representados pelo confrade José Bento de Carvalho, que distribuiu exemplares das publicações matonenses aos conhecedores do idioma português.

Frederico Duarte, um dos redatores do periódico *The Two Words,* relatou alguns aspectos do evento. Segundo ele, havia participantes de vários países e, por esse motivo, teve que conversar em cinco idiomas.

O destaque deste evento foi a presença do italiano Ernesto Bozzano, amigo de Schutel, convidado a apresentar sua tese sobre animismo[121] e Espiritismo, que posteriormente se transformaria em livro.

O jornal Correio da Manhã, do Rio de Janeiro, em sua coluna espírita, mencionou o evento e um fato inédito:

---

[121] Os fenômenos de animismo são produzidos pela alma humana, ou seja, o espírito encarnado. O termo animismo se relaciona com a alma ou ânima.

O editor de "The Two Worlds" é a primeira pessoa do seu cargo a enviar uma carta falada para a América do Sul. O Sr. Ernesto W. Oaten gravou, numa máquina *phono--disc*, uma carta de saudação que foi enviada ao Sr. Cairbar Schutel, editor da Revista Internacional do Espiritismo, de Matão, Brasil. O Sr. F. Etraud fez uma gravação semelhante em português, e os discos serão, provavelmente, irradiados pelos espíritas da América do Sul. [...] Os programas espíritas pelo rádio são populares nesse país e o objetivo de gravar tais discos foi permitir ao editor da mais importante revista da América do Sul entrar em arranjos para irradiar os discos. [...]

O disco [...] já chegou às mãos do Sr. João Pinto de Souza, organizador da "Hora Espírita"[122], por intermédio do Sr. Fred. Figner[123], a quem o Sr. Cairbar Schutel cedeu o disco, por empréstimo, para sua irradiação na "Hora Espírita".

Tivemo-lo em mãos a experimentá-lo numa vitrola. De um lado, é um pequeno reclame das novas máquinas *phono-disc* com uma breve saudação, em português, do Sr. F. Etraud aos espíritas do Brasil, e, do outro, uma saudação do Sr. Ernesto W. Oaten, em inglês, que também se dirige aos nossos confrades[124].

Cairbar sentia o seu trabalho reconhecido. Os periódicos atravessavam o Oceano Atlântico, levando o nome da pequena

---

[122] O Programa radiofônico *Hora Espiritualista* (nome correto) era apresentado pela PRH-8 Rádio Ipanema (RJ), por João Pinto de Souza.

[123] Frederico Figner (1866-1847) fundador da Casa Edison, primeiro estúdio de gravação de discos do Brasil, representante da ODEON no país. Colaborou com a construção do Retiro dos Artistas. Como espírita, atuou na Federação Espírita Brasileira. Desencarnado, foi protagonista do romance *Voltei,* por meio da mediunidade de Chico Xavier.

[124] CORREIO DA MANHÃ, Rio de Janeiro-RJ, 30 nov. 1937 p.12. (acervo BN-Digital)

Matão para o mundo. Para Schutel, que tanto lutou pela divulgação do Espiritismo, era uma alegria folhear os jornais de todas as localidades, principalmente os da imprensa do Rio de Janeiro, Capital do Brasil, que mantinham colunas espíritas. "Parece que os padres do Rio não conseguiram dominar a imprensa", dizia.

Mas ainda havia muito o que fazer em prol da divulgação do Espiritismo.

Confúcio[125] estaria certo ao afirmar em seu ditado: "Escolha um trabalho que você ame, e você nunca terá que trabalhar um dia em sua vida". Cairbar de Souza Schutel era um incansável trabalhador e amava tudo o que fazia. Não tinha por que parar. E, por isso mesmo, não parava.

Apesar do corpo físico já debilitado pela idade, ele continuava. Sempre haveria muita coisa para fazer para aquele que ama o trabalho.

Schutel certamente tinha noção de que um dia deveria retornar à verdadeira pátria, a espiritual, pela qual dedicou boa parte da existência a divulgar. Seus fiéis seguidores percebiam ainda aquele Cairbar operoso, conectado, imbatível e quase imortal. Mas ele já não era o mesmo.

De acordo com o amigo Ítalo Ferreira, entre 1935 e 1937, Cairbar teria sinalizado momentos de profunda introspecção e sofrimento. Nessas ocasiões, ele se recolhia, refletia e orava.

Um registro escrito pelo próprio Cairbar confirmou as impressões de Ítalo. Schutel estava prevendo a hora da partida. Nos períodos graves de sua vida, como sempre, ele recorria ao querido Irmão Maior:

---

[125] Confúcio foi um pensador e filósofo chinês que viveu entre 551 a.C. e 479 a.C.

CARTA A JESUS

Minha veneração eterna, meu grande Mestre e Senhor.

Tem voltadas para mim as vossas vistas. Eu sei que os sofrimentos na Terra têm um fim providencial. Os meus, Vós os conheceis muito bem, porque todas as minhas lágrimas têm chegado a Vós e todo o meu choro tem sido ouvido por Vós. Tenho-os feito sempre acompanhar com rogativas de misericórdia, que também não me tem faltado. Reconheço Vossa constante ação animando-me. O meu sofrer não o atribuo à vingança de Deus, porque não creio na pena de talião.

Felizmente, já concebi o Supremo Senhor revestido dos seus atributos superiores. O meu sofrer e os sofrimentos que me têm assaltado, talvez, tenham por escopo me desapegar deste mundo e, ao mesmo tempo, preparar-me para receber a morte sem temor e como um anjo libertador que me isolara das tribulações e lutas inglórias deste mundo [...]. Creio que no outro mundo, pela sua proximidade deste, não pode também deixar de ser um reflexo deste, mas eu estou preparado para passar por este reflexo como se atravessasse uma ponte, talvez um pouco longa, mas que não levarei tempo a transpor. Este meu dizer não é um laivo de orgulho, mas traduz o conhecimento de minha individualidade que não deseja e não se aclimata onde não há paz e progresso, e onde reina as competições e a materialidade.

Amigo do progresso, revestido desse amor que nos ensinastes a cultivar, animado de sentimentos altruísticos e caridosos, como me julgo, propenso a uma fé sempre crescente e confiante num bom futuro para o qual Deus a todos criou, eu creio que, ajudado pelas Vossas graças, vencerei essa etapa almejada e pela qual me esforço, suportando os

sofrimentos. Mas, Senhor, Vos peço, continuai a amparar-
-me, que eu ajudarei a Vossa obra.

Dai-me o que aqui na Terra se chama paciência, re-
signação, amparai-me permitindo que meu guardião e os
meus protetores não me abandonem.

Abençoai-me, Senhor Jesus,

O servo Cairbar[126].

A foto de Schutel sentado à borda do túmulo da amiga
Mariquinha Perche corresponde a esse período, conforme D.
Joana Pedro Pereira, que o acompanhou ao cemitério naquele
dia, com o objetivo de obterem fotografia mediúnica.

Última foto de Cairbar Schutel, em 1937 (Acervo O CLARIM)

---

[126] Carta escrita por Cairbar Schutel em Matão (SP), 13 de novembro de 1937.
(acervo CCDPE)

Capítulo 31

Nasce um imortal

Início de janeiro de 1938. Era o dia 13.

A princípio, uma fadiga incomum e dores no peito incomodavam Schutel. As dores se tornavam intensas a ponto de prejudicarem inclusive o sono. Estava sem condições de dormir na cama; não conseguia sequer reclinar a cabeça de tanta dor.

Passou a utilizar uma cadeira de vime, onde dormiria sentado por alguns dias. Diagnóstico: angina do peito[127].

Mariquinhas estava debilitada e impossibilitada de dar apoio ao marido. Antoninha, verdadeira discípula de Cairbar, estava presente em todos os momentos. Preocupada, sugeriu chamar um médico.

Confiante na medicina espiritual, Schutel ordenou:

"Eu não quero médico."[128]

---

[127] *Angina do peito*. Med. Dor constritiva intensa, no peito, frequentemente irradiada para o braço esquerdo, provocada por isquemia do miocárdio e resultante, quase sempre, de moléstia coronariana. (ANGINA DO PEITO. In: FERREIRA, Aurélio Buarque de Holanda. *Novo Dicionário da Língua portuguesa*. 5. ed. eletrônica. Curitiba-PR: Positivo, 2014.

[128] Todos os diálogos deste capítulo foram ditados por João José Aguiar e com-

Diante das dores, da dificuldade de respirar e dormir, os amigos chamaram o médico.

"Vocês quiseram chamar o médico, e eu tive que concordar. Mas ninguém se lembrou de ouvir os Espíritos" – reclamou Cairbar.

Schutel pediu a presença de Urbano de Assis Xavier, médium e amigo de confiança, para, quem sabe, trazer-lhe algum recado do Além.

O amigo não tardou em aparecer.

Urbano era cirurgião-dentista e morava na cidade de Santa Ernestina (SP) – a menos de 20 km de Matão. Antes de se tornar espírita, era católico praticante e presidente da Congregação Mariana. Por causa da mediunidade que desabrochava, encontrou respostas sobre os fenômenos no Espiritismo. Sua conversão teria ocorrido em 1936.

Cairbar o recebeu com alegria e pediu para que o amigo lhe ajudasse, se possível, por meio de sua mediunidade.

Imediatamente, Urbano cerrou os olhos e se concentrou. Como se tivesse tomado um leve choque, a expressão de Urbano foi se modificando. Manifestou-se um Espírito familiar chamado Pai Jacó[129], aplicando passes e fazendo Cairbar dormir, coisa que não acontecia havia um bom tempo. O fiel amigo retornaria diariamente à casa de Cairbar para aplicação de passes.

Dispneia, dores, falta de sono. Schutel sentia-se rendido. Ainda havia muito que fazer. Como preparar a próxima edição

---

pilados por Eduardo Carvalho Monteiro em 26 de janeiro de 1985. Acervo do Centro de Cultura, Documentação e Pesquisa do Espiritismo (CCDPE), São Paulo-SP.

[129] A designação "pai" é muito utilizada pelos umbandistas para caboclos e pretos velhos. Segundo biografia de Leopoldo Machado (*Uma Grande Vida*. Matão-SP: O Clarim, 1952. p. 143), Cairbar não tinha preconceito sobre o tipo de Espírito que se comunicava, valorizando a comunicação pelo seu conteúdo, e não pela forma.

dos periódicos naquela situação? E seus doentes e moribundos? Como atendê-los daquele jeito? E a farmácia?...

No fundo, ele sabia que poderia contar com a equipe competente e leal, lapidada ao longo dos anos.

Entre um delírio e outro, Cairbar adormecia depois de receber passes. Em alguns momentos, o enfermo mudava a expressão facial, denotando emoção e alegria. Seriam pensamentos do passado? Teria reencontrado alguém em sonho? Quem sabe um parente...

No dia 26 de janeiro, quarta-feira, chegou o amigo Leão Pitta, preocupado com o estado de saúde de Cairbar.

Naquele mesmo dia, depois dos passes de Urbano, Pai Jacó se manifestou novamente e avisou Schutel:

"Até domingo, o irmão ficará curado."

Todos se entreolharam com espanto e alegria.

Além dos cuidados espirituais, os amigos e médicos Agripino Dantas Martins e Hudson Buck Ferreira também assistiam o doente. Mas a situação era preocupante.

Na pequena Matão, os rumores sobre a saúde de Cairbar Schutel inquietavam muita gente.

Na farmácia Schutel, ponto de encontro de clientes e amigos, estranhavam a ausência de seu proprietário. Os trabalhadores e frequentadores do Centro Espírita faziam preces, não apenas nos dias de reuniões, mas também em suas casas. Os pobres estavam desolados.

No sábado pela manhã, dia 29, Dr. Hudson veio examiná-lo. Schutel precisava tomar uma injeção. O médico levantou-se e foi até a farmácia preparar a medicação. Nesse instante,

Antoninha percebeu a cabeça do enfermo pender para o lado. Cairbar parecia não mais respirar.

Aflita, Antoninha correu pedindo socorro ao médico, que retornou às pressas, aplicando-lhe a medicação.

Lentamente, Cairbar abriu os olhos com dificuldade e disse:

"Para que me chamaram? Eu tive de voltar... Parece que vocês não queriam que eu fosse embora. Eu já estava do 'outro lado da barreira', sem dores e sem aflição, mas voltei porque não pude deixar de atender às orações que estavam fazendo para me segurar aqui..."

E, olhando para o médico, que preparava o balão de oxigênio, disse:

"Chegou minha hora de partir. O senhor pode fazer a injeção, mas quero que todos saibam que, como espíritas, é necessário que deem o testemunho do que têm pregado a vida inteira: a morte é uma libertação, por isso não devemos temê-la ou lamentá-la."

Naquele momento, era difícil seguir as recomendações do líder Cairbar.

Os amigos – próximos e distantes – seguiram para Matão assim que foram informados sobre a piora do seu estado de saúde.

30 de janeiro de 1938.

Chegaram Francisco Volpe, Urbano Xavier, Souza Ribeiro e outros, além dos que já estavam na cidade.

Cairbar parecia melhor do que no dia anterior. Apesar do estado anginoso, conversava satisfeito com os amigos. Mas seu coração estava, lentamente, perdendo os batimentos.

Por volta das 16 horas, Urbano entrou em transe mediúnico.

Era Pai Jacó se manifestando:

"Calma, não se impressionem."

Sob a ação do Espírito, o médium aplicou passes em Francisco Volpe e ordenou-o para que pusesse as mãos na cabeça de Schutel, suavemente. Volpe seguiu a orientação.

O enfermo, que já estava com os olhos cerrados, reclinou a cabeça e deu o último suspiro.

Conforme prenunciara Pai Jacó, dias antes, às 16 horas e quinze minutos daquele domingo, Cairbar de Souza Schutel *estava curado*. Quem sabe nos braços espirituais de sua mãe, D. Rita? O filho querido nascia para a imortalidade.

A comoção foi geral.

Cientes de que não deveriam lamentar a morte, os amigos que ali estavam procuravam disfarçar a tristeza.

Pitta, concentrado, parecia rezar. Uma lágrima denunciou-o, fazendo-o passar a mão no rosto, descendo pela barba hirsuta.

A informação sobre a morte de Schutel vazou para o lado de fora da casa. Nas casinhas dos fundos, os pacientes se olhavam, perplexos, decepcionados com a notícia que não queriam ouvir. Jesuíno, o negro de uma perna só, chorava baixinho.

Rolf, deitado num canto, indiferente ao povaréu, parecia absorver as dores de todos, em silêncio. Nunca mais sentiria o cheiro perfumado de seu dono.

No mesmo dia, a PRD–4, Rádio Cultura Araraquara, passou a anunciar a morte de Cairbar Schutel.

O velório foi organizado na sala da frente de sua casa, onde estava instalada a redação do jornal O Clarim.

Seu corpo foi colocado num esquife branco, vestido num terno de linho claro como houvera pedido.

Na Rua 28 de Agosto, defronte à residência de Cairbar, os pobres, sentados na calçada, choravam e repetiam "Perdemos o nosso pai, o nosso pai morreu..."

Aquele que dedicou boa parte da vida pregando a imortalidade da alma ainda iria dar testemunho dessa convicção.

Por volta das 9 horas da noite daquele domingo, junto aos pobres que participavam do velório, uma garotinha aparentando 5 anos de idade chorava com dor de dente.

João José Aguiar, farmacêutico que trabalhava com Schutel e Zélia Perche, perguntou para a mãe o que a menina tinha:

"Dente careado" – respondeu.

"Vou dar um remedinho pra ela", avisou João.

Urbano, que presenciou a cena, prontificou-se em atendê-la, já que era dentista. Levando-a até a farmácia, a alguns passos dali, colocou-a sentada no balcão, pediu éter e ácido fênico, fez a higiene e o atendimento, dispensando a menina em seguida.

Urbano foi lavar as mãos.

João pegou uma toalha e ofereceu ao dentista. Quando ele se virou para pegar a toalha, sua expressão facial estava diferente e, com um tom de voz alterado, disse:

"João, vá até lá na redação e chame o Pitta, o Campelo, a Zélia e o Dias. Peça para eles virem até aqui."

"Mas por quê? Nós já vamos fechar a farmácia e vamos pra lá..."

"Não teime, João, é o Schutel que está falando."

João, surpreso, percebeu rapidamente que Urbano estava mediunizado. Correu até a sala onde se realizava o velório e falou ao ouvido de Pitta o que ocorrera, pedindo para ir até a farmácia juntamente com aqueles a quem convocara.

Quando entraram no recinto, ninguém duvidou que estavam diante do Espírito Cairbar, que, manifestando-se através do médium, abraçou um por um.

Com a firmeza na voz que lhe era peculiar, disse:

"A Misericórdia Divina é tão grande que me concedeu a dádiva de abraçar vocês. Estou muito contente por ser recebido com um banquete que não mereço. Mas o Pai é tão bondoso que, na minha alegria e êxtase, não poderia me deixar partir sem comunicar isso a vocês."

Após fazer uma pequena preleção sobre a imortalidade, dando a certeza de que sobrevivia ao corpo físico, Schutel fez uma recomendação:

"Vocês podem ficar zangados comigo, mas eu preciso falar: ainda há pouco, vocês conversavam na redação sobre o túmulo que vão erguer para mim. Nada disso. Espírita não precisa disso. Quero uma coisa simples. Se quiserem colocar uma lápide apenas e ainda quiserem escrever algo, escrevam isto – João pegou um bloco de papel e tomou nota – 'Vivi, vivo e viverei, porque sou imortal.'"

Antes de despedir-se, ainda deixou uma palavra para cada um dos amigos. Temos registrado o que João ouviu:

"João, seja sempre na vida o que você foi dentro de minha casa."

Emocionado, João José tomou de um lenço.

CAPÍTULO 32

Vida que segue

No DIA SEGUINTE, 31 DE JANEIRO DE 1938, O COMÉRCIO da cidade não abriu. Na Prefeitura de Matão, a bandeira foi hasteada a meio mastro e o laço de crepe atado à lança conotava luto na cidade.

Os trens, que eram os grandes entregadores de jornais *O Clarim*, agora traziam companheiros de vários cantos para o velório.

O cortejo saiu. Uma multidão acompanhou o trajeto de 1,4 km da Redação até o Cemitério da Saudade. Todos queriam levar o caixão branco. As cores claras predominavam. Ricos, pobres, com ou sem religião, acompanhavam o féretro pelas ruas de terra, no calor tórrido e típico do verão matonense.

Vários líderes espíritas, além de amigos, estiveram presentes no enterro: Pedro de Camargo, Waldemar Wenzel, Romeu Camargo, Boanerges de Medeiros, Souza Ribeiro, Onofre Dias, João Leão Pitta, Watson CampelIo, os Volpe, Sílvio Goulart de Farias, entre outros.

Atendendo ao pedido pós-morte, a lápide contendo a

frase do Imortal foi afixada na sepultura, que se destaca apenas por uma fileira de tijolos delimitando a área. Algumas plantas enfeitam o túmulo de Cairbar.

Epitáfio no túmulo de Cairbar Schutel

Na semana que sucedeu à morte de Cairbar, centenas de telegramas vindos do Brasil e do exterior chegaram à Redação de *O Clarim*. Uma boa parte das homenagens foi publicada nos periódicos.

O compromisso de continuar a obra iniciada por Cairbar Schutel não poderia parar.

Antoninha, a pedido de Cairbar, assumiu a presidência do Centro Espírita e da editora. Sua irmã Zélia, que aprendeu a profissão de farmacêutica com Cairbar, herdou a farmácia que levaria o nome do fundador por tempo indeterminado.

José da Costa Filho ficou na direção das publicações, onde trabalhava desde 1925.

Watson Campelo, que colaborava com a revista desde 1930 fazendo traduções – depois de Ismael Gomes Braga –, também assumiu cargo diretivo na instituição, auxiliando na continuidade das publicações. Watson casou-se com Antoninha depois da morte de Cairbar. Segundo Antoninha, Watson propôs casamento a ela. Disse que iria morar em Matão e que a ajudaria na farmácia – e ainda intimou: "Se você não quiser, eu também não volto mais aqui".

O barbudo Leão Pitta, dedicado amigo e colaborador, continuou divulgando o Espiritismo por meio de palestras e distribuindo os periódicos matonenses.

Mariquinhas suportaria a perda de seu marido e enfermeiro por mais dois anos. Foi ao seu encontro no dia 22 de janeiro de 1940.

No final dos anos 1930, a instituição recebeu expressiva doação, que permitiu a construção de mais dois salões, possibilitando, durante a II Grande Guerra, estocar papel suficiente para manter as publicações.

Antoninha seguiu na administração da entidade até 1966.

Outros abnegados trabalhadores se achegaram à direção da casa, o que permitiu a publicação dos periódicos, ininterruptamente. O jornal *O Clarim* é distribuído em todo o país e a *RIE* segue mensalmente para o Brasil e Exterior.

O Centro Espírita fundado por Cairbar é um dos mais antigos no Brasil, ainda em funcionamento. Um moderno salão foi construído ao lado do antigo. A casa em que Cairbar morou a partir de 1916[130] foi reformada e adaptada para um acervo contendo registros da vida e da obra do nosso biografado – Memorial Cairbar Schutel. Aberto para seguidores de qualquer religião. Diferentemente de outros tempos, quando os padres

---

[130] Conforme Escritura Pública número 17.970 de 25 de abril de 1916.

proibiam os fiéis de pisarem na calçada do Centro Espírita, da farmácia e da redação, sob pena de encontrarem o demo, atualmente, a Rua 28 de Agosto é passagem para a famosa procissão de Corpus Christi, que é anualmente organizada, uma das mais expressivas comemorações religiosas do Brasil.

O legado do imortal Cairbar Schutel frutificou.

Alguns personagens que conviveram com o biografado apontaram alguns traços marcantes de Cairbar Schutel, colhidos pouco tempo depois de sua morte.

Segundo Antoninha Perche de Campelo, sucessora direta de Cairbar, a quem confiou a administração da casa:

> Tudo impressionava bem em Cairbar Schutel: o seu físico, as suas maneiras, o seu trato lhano, a sua humildade, o seu desinteresse pelas coisas do mundo, o seu caráter reto e a sua dedicação para com todos. Tinha um coração afeito ao bem. [...] Era amigo de seus amigos e correspondia aos que lhe voltavam amizade com uma amizade maior.
>
> [...]
>
> Assim que abraçou o Espiritismo, pôs mãos à obra: curando enfermos do corpo e da alma, dando de comer aos famintos, vestindo os nus, visitando os doentes e encarcerados, auxiliando as viúvas e os órfãos, socorrendo a todos sem distinção [...][131].

José da Costa Filho, que substituiu Cairbar intelectualmente na direção das publicações, disse: "O que mais me im-

---

[131] MACHADO, Leopoldo. *Uma Grande Vida*. Matão-SP: *O Clarim*, 1952. p. 168-169.

pressionou em Cairbar foi a sua simplicidade, o ardor e a perseverança com que pregava a Doutrina"[132].

Watson Campelo, também um dos substitutos na direção dos periódicos, deu o seguinte depoimento: "Eu tinha por hábito dizer a amigos meus: bem, meus amigos, vou tomar um pouco de sol, vou ver o Schutel"[133].

Já Urbano de Assis Xavier, médium da confiança de Cairbar, disse:

> O que mais me impressionou na vida de Cairbar Schutel foi o seu verdadeiro desprendimento pelas coisas materiais e a sua vontade férrea de propagar os ensinamentos da Terceira Revelação, por todos os meios que se lhe oferecessem[134].

Pedro de Camargo (Vinícius) assim se expressou por carta:

> O Cairbar possuía traços de caráter inconfundíveis. Era avesso a tudo que cheirasse a exibicionismo. Reservado, ponderado e absolutamente sincero e leal. Amava a Doutrina e por ela e para ela não media sacrifícios. Schutel viveu o Espiritismo[135].

---

[132] Idem.

[133] Idem.

[134] Idem. p. 171.

[135] *Carta de Pedro Camargo a Ítalo Ferreira,* 23 de fevereiro de 1953. (acervo CCDPE)

Capítulo 33

Cairbar presente

ANO DE 2006.

A jovem senhora aproveitou o intervalo da palestra. Precisava relatar o que havia *visto* durante a preleção daquele senhor.

Fato corriqueiro nas reuniões espíritas, que uma pessoa dotada de faculdades mediúnicas revele suas percepções para outras pessoas. Os espíritas estão acostumados a lidar com esse tipo de revelação. Fica a critério do ouvinte aceitar ou não como verdade o que foi dito. É como se os sensitivos percebessem um pedaço do Além dentro do recinto. Alguns veem, outros ouvem e outros sentem.

Espíritos, objetos, lugares e até cenas são descritas em detalhes, muitas vezes com o aval de outros que tenham a mesma percepção.

Não foi diferente naquele dia.

Nestor João Masotti[136], à época presidente da Federação

---

[136] Nestor João Masotti (Pindorama, 21 de junho de 1937 - Brasília, 3 de setembro de 2014) foi um espírita brasileiro que presidiu a Federação Espírita Brasileira (FEB) entre os anos de 2001-2013.

Espírita Brasileira (FEB) e Secretário do Conselho Espírita Internacional (CEI), falava para um grupo de trinta pessoas no *Centro de Filosofía Espiritista Paraguayo*[137], na cidade de Assunção, Paraguai.

Aproveitando a pausa, a mulher aproximou-se do dileto palestrante e relatou em sua língua materna, o espanhol, tudo o que havia captado mediunicamente até aquele momento. Disse que, enquanto Nestor falava, vários Espíritos estavam ali ajudando – como se o púlpito estivesse rodeado de seres luminares –, mas que um *viejito* (pronuncia-se *viehito*, que, em espanhol, significa um velhinho, um senhor de idade) se destacava dentre os demais Espíritos que ali estavam. Descreveu-o em detalhes, seu porte, trajes e a expressão de Espírito elevado[138], um ser de maior envergadura moral e conhecimento; poderia se comparar a um ser angelical.

O então presidente da FEB, apesar da situação não ser novidade em sua trajetória como espírita, demonstrou curiosidade natural e perguntou à sensitiva se saberia identificar quem seria o tal *viejito*.

Um tanto encabulada, ela não conseguia pronunciar o nome da entidade espiritual que havia descrito em detalhes.

"A senhora fique tranquila" – asseverou Nestor. "Caso consiga identificá-lo, ficaremos gratos. Senão, não se preocupe" – disse com sua habitual voz grave e paternal.

Nem todos os médiuns conseguem captar nomes de Espíritos. Dependendo da complexidade, preferem não revelar para evitar que, por algum motivo, possam cair no descrédito.

---

[137] O *Centro de Filosofía Espiritista Paraguayo* fica no centro da capital paraguaia, Calle Amancio Gonzalez, 265. Assunção, Paraguai.

[138] Espírito superior, no vocabulário espírita, é considerado um Espírito nobre, que alcançou um patamar evolutivo de alta expressão.

A reunião prosseguiu. O assunto em pauta era a unificação dos espíritas, assunto exaustivamente abordado nas incontáveis reuniões que Nestor Masotti e sua equipe organizavam em vários países das Américas e também da Europa, este o berço da Doutrina Espírita.

Ligados a Masotti por afinidades, como se todos estivessem sintonizados numa mesma estação de rádio, os Espíritos aos quais se referia a tal senhora estariam empenhados naquela atividade como participantes da mesma equipe, independentemente de estarem desencarnados. Segundo os espíritas, estes seriam seres que já teriam morrido fisicamente e estariam ali apenas como Espíritos, apresentando-se numa espécie de corpo fluídico ou uma *cópia transparente* daquilo que eram enquanto vivos em carne e osso.

No intervalo seguinte daquela reunião, a mulher procurou Nestor novamente. Aproximou-se rapidamente do palestrante e, como quem estava caprichando muito para não errar o nome que finalmente teria captado, disse:

"El nombre del viejo es Cair-bár Schu-é-tel."

Nestor voltou-se para aquela senhora com significativo olhar. Ele havia entendido perfeitamente a pronúncia hispânica daquele nome tão peculiar. Tendo confirmado à mulher tratar-se de pessoa conhecida no Movimento Espírita, Nestor agradeceu e retornou ao púlpito para finalizar a conferência.

O exemplo autêntico daquela mulher simples, que nunca houvera sabido da existência de um ser com um nome tão complicado, seria apenas uma das tantas manifestações que se tem testemunhado, confirmando a presença desse ser espiritual.

Segundo Masotti revelou à época, a personalidade – ou o

Espírito – Cairbar Schutel o acompanhava havia muito tempo. Não é de se duvidar que, depois do desenlace de Nestor, ocorrido em setembro de 2014, eles agora sejam parceiros em outro plano da vida, na mesma tarefa de divulgar o bem.

Desde o seu desenlace, em 30 de janeiro de 1938, a presença espiritual de Cairbar é *percebida* em Centros Espíritas no Brasil e no exterior até a atualidade. Mesmo sem conhecê-lo, alguns ainda tentam pronunciar seu nome complicado... Essas manifestações têm se dado através da escrita, conhecida como psicografia, em que o Espírito se utiliza do médium para escrever, e, ainda, através da psicofonia, quando o Espírito *fala* por intermédio do médium.

Embora a denominação Cairbar Schutel seja utilizada em centenas de instituições espalhadas em todo o território nacional, a distinta senhora que relutava em falar aquele nome complicado tinha razão: o nome *Cairbar* realmente é incomum no Paraguai, no Brasil, nas Américas e nos demais continentes. Agora, nem tanto.

O Bandeirante do Espiritismo segue seu caminho em outro plano da vida. Seu corpo jaz no cemitério de Matão, mas a sua expressão permanece viva, inspirando muita gente.

Certamente ele estará, na dimensão em que estiver, trabalhando, incansavelmente, por um mundo melhor.

***

Soa o apito.

A fumaça sinaliza a partida. A locomotiva inicia o movimento, lentamente. Ferros torcendo, som dos vapores exalados pela pressão da caldeira. O ritmo aumenta, a composição desliza pelos trilhos com uma toada típica e compassada, como se fosse uma orquestra sinfônica iniciando um concerto. Avança...

Lá fora, o sol se põe, dando lugar a um céu atapetado de estrelas.

A locomotiva avança na noite dos tempos.

Seguimos nós, acomodados em confortável assento, na nossa viagem evolutiva.

Em cada estação, um aprendizado.

Pessoas entram e saem. Alguns seguirão conosco o percurso inteiro, outros não. Muitos ficarão por longo tempo ao nosso lado e não aproveitarão nem deixarão nada. Outros passarão ligeiros, mas imprimirão marcas profundas na memória e no coração. Os amores sempre ficam.

Com ou sem religião, aprenderemos as lições do bem e do mal. Tudo o que for plantado será colhido. Não importa quando.

O trem apita. Hora de despertar. Estamos na estação que escolhemos chegar.

A história de Cairbar nos deixa o exemplo imortal de amor e caridade.

Posfácio

Este livro é o resultado de um TCC (Trabalho de Conclusão de Curso) na área de jornalismo, concluído no ano de 2009, que foi ampliado entre 2017 e 2018.

Nem tudo o que foi pesquisado para o TCC apresentado em 2009 pôde ser incluído na ocasião. Os prazos foram curtos diante da infinidade de informações obtidas. Além do tanto que não foi aproveitado em 2009, as pesquisas continuaram desde o lançamento da primeira versão. Outras informações enriqueceram a pesquisa, que foi se tornando mais apaixonante, até que a IDE Editora apareceu em minha vida. Este foi o momento de rever e ampliar a obra visando esta publicação.

Indicado pelo amigo Orson Peter Carrara, a editora avaliou o conteúdo do livro e desejou lançá-lo no ano em que a reencarnação de Cairbar de Souza Schutel completa 150 anos.

O momento é oportuno.

A memória, o exemplo e os ensinamentos do biografado merecem ser conhecidos, divulgados, seguidos!

É sabido que os leitores espíritas e simpatizantes apreciam

o livro escrito em parceria mediúnica. O caráter de um livro-reportagem ainda não é um tipo de literatura muito difundida no meio espírita, mas muitos avanços já ocorreram.

O *best seller* "As vidas de Chico Xavier", de Marcel Souto Maior, que também escreveu "Kardec: a biografia", são exemplos de livro-reportagem que fizeram sucesso. O primeiro, inclusive, inspirou o longa-metragem sobre a vida do médium mineiro.

Um livro-reportagem trata de fatos reais, utilizando os recursos jornalísticos somados a nuanças literárias. É um trabalho que requer um volume considerável de informações, dados, fontes, depoimentos, para resultar no conteúdo e no volume de um livro. A condição essencial do livro-reportagem é manter a sua conexão com a realidade.

Alguns textos de jornais dos séculos XIX e XX foram atualizados para a ortografia atual, permitindo, nessas versões, melhor fluência e clareza ao leitor.

O contexto histórico deste livro é instigante.

Que ele possa inspirar o amigo leitor em novas viagens de conhecimento!

Agradecimentos

FORAM MAIS DE 10 ANOS DE PESQUISAS.

Muitas pessoas passaram por essas páginas indiretamente. A maioria deixou algo bom. Mas até aos que não deixaram nada eu tenho que agradecer. Todos me fizeram uma pessoa melhor, em todo o processo de pesquisa e escrita. Por isso, considero esta lista pequena, mas necessária.

Agradeço a todos que de alguma forma participaram deste trabalho. Preciso destacar amizades e apoios essenciais:

Ao meu orientador do curso de jornalismo, Professor Luiz Carlos Messias, pelas valiosas instruções e dicas na elaboração do TCC que originou este livro. Agradeço ainda a todos os demais professores, em especial a Profa. Andréa Túbero, cujas indicações enriqueceram sobremaneira a construção do tema deste livro, à dedicada coordenadora do curso de jornalismo da UNIARA, Elivanete Barbi, sempre atenciosa, desde quando eu ainda morava no exterior, prestando todo o apoio para que eu me matriculasse no curso de jornalismo assim que chegasse ao Brasil. Olha como valeu! Luciane Ribeiro do Vale, amiga e professora, minha gratidão pelo apoio incondicional! Professor Serginho Grande, que participou da banca julgadora do meu TCC e passou a ser divulgador desta obra, sendo conhecedor e seguidor do biografado, tornou-se também o meu grande amigo. Finalmente, destaco o Prof. Fabricio Mazocco, pela consideração e incentivo!

Márcia Carvalho Monteiro, do CCDPE-ECM - Centro de Cultura, Documentação e Pesquisa do Espiritismo - Eduardo Carvalho Monteiro, agradeço muitíssimo por confiar-me parte do material de trabalho que seu irmão, Eduardo Carvalho Monteiro, utilizou entre os anos 1970 e 1980 para execução do livro *Cairbar Schutel, o Bandeirante do Espiritismo*. Eduardo foi meu amigo, grande pesquisador e historiador espírita, falecido em 2005. As entrevistas e compilações feitas por ele, com pessoas que conviveram com Cairbar Schutel – já falecidas – permitiram-me acesso exclusivo a entrevistas que eu nunca teria condições de realizar. Não somente entrevistas, mas o material composto por cópias de jornais, livros, transcrições de áudios, e ainda raros documentos conseguidos por Eduardo Carvalho. Reitero que o livro feito por Eduardo Carvalho, em parceria com Wilson Garcia, é uma das melhores e mais completas biografias de Cairbar.

O meu agradecimento especial a João Nestor Masotti, *in memorian*, amigo, meio pai, meio guru, foi presidente da FEB – Federação Espírita Brasileira entre os anos 2001 e 2013, Secretário Geral do Conselho Espírita Internacional. Dois meses antes de um problema de saúde levá-lo do nosso convívio no plano físico, em nossa última conversa telefônica, ele me disse que havia lido este livro e que achava muito providencial a sua publicação. Empolguei-me pela recomendação e não hesitei em pedir para que ele escrevesse o prefácio da nova edição. Nestor aceitou o desafio, mas infelizmente não teve tempo de me entregar - ainda. Não se enganem, ainda tenho esperança de recebê-lo!

Charles Kempf, meu amigo francês, trabalhador no Movimento Espírita na França desde 1991, e Internacional desde 1994. Secretário Geral do Conselho Espírita Internacional de 2012 a 2016, e responsável pela Coordenadoria da Europa do Conselho Espírita Internacional desde 2007. Membro do Comité de Redação da *Revue Spirite*. Charles forneceu importante material da Revue Spirite e atas de congressos em que a RIE foi representada ou noticiada.

O farmacêutico Jacy Tucci, de Itápolis/SP, um dos proprietários da primeira farmácia fundada por Cairbar Schutel naquela cidade, agradeço pelo carinho e gentileza, seja onde estiver.

Adalgisa de Lourdes Antunes Rosito, Dona Ziza, uma das primeiras funcionárias d'O Clarim, trabalhou entre 1938 e 1939. Ziza tornou-se uma querida amiga, que adora reviver as lembranças de sua terra natal. Minha gratidão pelo carinho! Essa amizade foi possível graças ao intermédio de seu sobrinho, Ruy Donini Antunes, professor da USP aposentado, sempre cordial, e agora na lista daqueles amigos inesquecíveis, a quem também agradeço.

Gregório Perche de Menezes, neto do grande amigo de Cairbar, com o mesmo nome do avô. Obrigado pelo apoio e incentivo!

Uma pesquisa não se concretiza sem valiosos intermediários em órgãos e instituições, que faço questão de citar: Marcos Rogério Guidelli – 1º Oficial de Registro de Imóveis da Comarca de Araraquara – SP; Danielle Aquino - Coordenadora de Acervos e Patrimônio Histórico, assim como Roberto Tadeu Fiorio e Neyfe Maria Mattar do MIS – Museu da Imagem e do Som de Araraquara, disponibilizaram-me valiosas imagens; a Biblioteca de Matão, que me forneceu importantes livros sobre a história da cidade, e também a Biblioteca e a Casa da Cultura de Araraquara. Thais Martins Lepesteur, Bibliotecária do Arquivo Histórico Museu Imperial - Ibram – MinC, de Petrópolis/RJ, forneceu preciosas dicas e documentos relacionados a D. Pedro II e família. A Hemeroteca da Biblioteca Nacional, conhecida como BNDigital, permitiu-me uma experiência investigativa de alta qualidade, por isso, fica o agradecimento e a recomendação para todos que desejarem realizar pesquisas históricas nesse importante banco de dados.

Agradecimento especial a todos diretores da Casa Editora O Clarim, destacando o bondoso Sr. Carlos Olson *(in memorian)*, que me confiou valiosos documentos relacionados à vida de Cairbar Schutel e sua produção editorial. Necessário lembrar o inesquecível apoio dos funcionários e amigos daquela empresa.

Amigos e familiares dão sentido à nossa vida. Cada um participa como pode, mesmo sem imaginar o quanto.

À minha esposa Sonia, companheira que escolhi para esta e para as próximas reencarnações, eu considero como co-participante neste trabalho, tamanho o empenho, paciência e dedicação, sempre ao meu lado, para que este livro saísse quase perfeito. Ela era a primeira a ler os capítulos do livro. Suas expressões de emoção e alegria serviram-me de farol na condução das narrativas. A esta grande mulher, o meu testemunho de amor e gratidão!

À minha mãe, Thereza, que dedicou sua vida para que hoje eu fosse um homem de bem, meu eterno obrigado! Regina,

Ingrid, sempre tão queridas, tão próximas apesar da distância, deram-me incentivo e motivação, não somente para escrever este livro, mas em toda a minha trajetória de vida. Giovani também faz parte desse momento, por isso, *thanks Wizard*!! Mara, Dedé, Rizão, Claudia, Dudinha, Bê e Gus, agradeço a Deus por vocês existirem e me apoiarem na impressão da primeira edição deste livro! Aos meus pais suecos, Cidinha e Olof Bergman, como agradecer tudo o que têm feito por nós? Cidinha, neta de Francisco Veloso, fiel companheiro de Cairbar, segue os exemplos desse grande espírito de escol! À Beli (obrigado pelas dicas no inglês!), Mario Masotti, Laurinha, Luisa, gratidão!... Enfim, toda a minha família brasiliense! Vocês sabem o quanto fazem parte de tudo isso!

Ao Frans, lá da Suécia, que forneceu generoso apoio material e moral... *Tack tack*!

Ainda no âmbito familiar, preciso destacar o apoio contínuo do meu amigo e leitor-beta Elígio Junior. Desde quando não imaginava em publicar oficialmente este livro, Elígio dizia "este livro precisa ver a luz do dia". Pois bem, que a luz se faça! Sua esposa, nossa irmã Amarilis, no fundo é responsável por tudo isso!

Então, não dá para encerrar os agradecimentos por aqui.

Como esquecer das amizades conquistadas durante o curso de jornalismo, e que seguirão para sempre no meu coração? Natália Nunes Andreguetto, doce, companheira, sempre presente, e agora afilhada; Samara, Jéssica, Tamires e Natali, como foi importante a amizade e incentivo que recebi de vocês, meu grupinho querido! Sinto saudades daquela rotina de aprendizado e reencontros quase diários! Lucão, Zé Roberto, Jean, Rodrigão, amigos de caminhada e profissão! Obrigado!

Aos meus revisores da primeira edição do livro, Nilson e Cintia; e para a segunda edição, a querida amiga Sarita Borelli. Sarita aceitou o desafio de revisar o livro num período complicado em sua vida, mas foi corajosa e leal, enfrentando dificuldades, abrilhantando este livro com suas preciosas orientações.

Adail e Denise Bottesini, não pensem que esqueci do apoio que me deram! Gratidão e carinho!

Minha gratidão também à amiga e historiadora Larissa Rizzatti Gomes, aos amigos Valentim Fernandes, Cássio Carrara e Murilo Arruda, cujo apoio e amizade continuam valorosos e essenciais.

A família Kfouri, mesmo não sendo espírita, ajudou Cairbar Schutel por acreditar em sua bondade e confiar em seu trabalho. Hoje dedico a minha gratidão a um Kfouri da mesma família, que, pelo mesmo motivo, serei eternamente grato! Sim, Dr. Neto! Por seu intermédio, minha família também aumentou em Matão: Dr. Paulo, Cristina, e um time valioso de profissionais e amigos!

Aos amigos de hoje e de sempre, Décio Leite e Tatiana Narita, que Deus permita mantermos os laços indestrutíveis da verdadeira amizade. André pai e André filho! Vocês mesmo! Nesta vida de tantos aprendizados, Deus me concedeu a honra e a possibilidade de caminharmos juntos! Sigamos, pois, aprendendo e exemplificando o nosso melhor!

Aos editores e amigos, Orson Peter Carrara, Jairo Lorenzeti e Wilson Frungilo Júnior, assim como toda a equipe dessa casa, que divulga o Espiritismo com amor, honestidade e seriedade como poucos no movimento espírita, o meu sincero agradecimento. Tenho orgulho de fazer parte dessa família!

David Liesenberg

Referências Bibliográficas

AGUIAR, Ofir Bergemann de. **Ossian no Brasil.** Goiânia, Editora UFG, 1999.

ALONSO, Angela, **Joaquim Nabuco, os salões e as ruas,** Coleção Perfis Brasileiros, Companhia das Letras, 2007

BOFF, Leonardo. **Espiritualidade, um caminho de transformação.** Rio de Janeiro. Editora Sextante, 2001.

CONHEÇA O ESPIRITISMO, FEB - Federação Espírita Brasileira, Brasília, DF. Disponível em:

www.febnet.org.br/site/oquee.php?SecPad=216 Acessado em 15/out/2009.

CURY, Aziz. **A Mediunidade Missionária de Cairbar Schutel.**

CUSTÓDIO, José Carlos da Costa. **Subsídios para a História do Espiritismo em Rio Claro: 1895 – 1995**

Adendos. Produção do autor, Rio Claro, 2016

DECLERCQ, Marie. **O isolamento de leprosos, um capítulo da história de São Paulo que durou 40 anos,** Set 8 2016, 7:00am acessado em 12/01/2017 pelo site wwwsaopaulosao.com.br/nossas-pessoas/1991-o-isolamento-de-leprosos,-um-capítulo-da-história-de-são-paulo-que-durou-40-anos.html#

FERNANDES, Magali Oliveira. **Vozes do céu os primeiros momentos do impresso kardecista no Brasil.** In: CONGRESSO BRASILEIRO DE CIÊNCIAS DA COMUNICAÇÃO, 25., 2002, Salvador. Anais... Salvador-BA: Sociedade

Brasileira de Estudos Interdisciplinares da Comunicação, 2002. Disponível em: <http://docplayer.com.br/18043526-Vozes-do-ceu-os-primeiros-momentos-do-impresso-kardecista-no-brasil-1-profa-dra-magali-oliveira-fernandes-anhembi-morumbi-sao-paulo-sp.html>. Acesso em: 3 abr. 2018.

GRISARD, Iza Vieira da Rosa. **Duarte Schutel – Escritor, poeta, médico e político**. Editora Terceiro Milênio, Florianópolis - SC, 1999.

JORNAL O CLARIM – 1905 – O Clarim – Matão/SP, 1905 a 1938.

JORNAL AURORA - Pontal/MG, Edições 13 e 14, 1905.

KÜHL, Júlio César Assis, e FERRAZ, Vera Maria de Barros. **As Usinas do Corumbataí - Rio Claro e o Início da Iluminação Elétrica no Brasil**. Artigo publicado no HISTÓRIA & ENERGIA. Patrimônio Arquitetônico da Fundação Patrimônio Histórico da Energia de São Paulo. 2ª Ed. São Paulo: Fundação Patrimônio Histórico da Energia de São Paulo, 2000. n. 8, 76 p. anual

LEITE, Azor Silveira. **Introdução para uma História de Matão** – Matão, S. Paulo. Ind. Matonense de Artes Gráficas IMAG Ltda., 1990.

LEITE, Azor Silveira. **Uma História para Matão - Volume I** – Matão, S. Paulo. Ind. Matonense de Artes Gráficas IMAG Ltda., 1992.

LEITE, Azor Silveira. **Uma História para Matão - Volume II** – Matão, S. Paulo. Ind. Matonense de Artes Gráficas IMAG Ltda., 1993.

LEONOR, Claudia – **Memórias do Comércio de Matão**. SESC S. Paulo e SESC Araraquara, 2001.

LOURENÇO, Sérgio **Passagens de uma Grande Vida.** São Paulo, Editora Correio Fraterno do ABC, 1984.

LUNA, Geraldo Peixoto – **Hugo Gonçalves e o Homem que se lembra do Sermão da Montanha** – Gráfica Marília Barbosa, 2002.

MACHADO, Leopoldo **Uma Grande Vida**. Matão, São Paulo. Editora O Clarim, 1980.

MACKILLOP, James; **A Dictionary of Celtic Mythology.** Oxford University Press, Oxford, Oxônia, Londres, 2004

MENDONÇA, Isabel M. G., Hélder Carita, Marize Malta, coordenadores. **A CASA SENHORIAL em Lisboa e no Rio de Janeiro: Anatomia dos Interio-**

res v. Instituto de História da Arte (IHA) – Faculdade de Ciências Sociais e Humanas da Universidade Nova de Lisboa e Escola de Belas Artes (EBA) – Universidade Federal do Rio de Janeiro, Norptint, 2014.

MONTEIRO, Eduardo Carvalho; Garcia, Wilson **Cairbar Schutel: O Bandeirante do Espiritismo**. São Paulo, Editora O Clarim, 2ª Ed. 2009.

OLIVEIRA, Paola Lins; **Circulação, usos sociais e sentidos sagrados dos terços católicos**; Religião e Sociedade, ISER - Instituto de Estudos da Religião, Rio de Janeiro, 2009

PALHANO JR., L.. **Mirabelli - Um médium extraordinário**. CELD - CENTRO ESPÍRITA LÉON DENIS, Rio de Janeiro, 1ª. Ed. 1994.

RIE – REVISTA INTERNACIONAL DE ESPIRITISMO – O Clarim, Matão/SP 1925 a 1938.

SCHUTEL, Cairbar. **O Espírito do Cristianismo**. O Clarim, Matão, SP, 8ª Ed., 2001.

SCHUTEL, Cairbar. **Espiritismo e Protestantismo**. O Clarim, Matão, SP, 2ª Ed., 1931.

SCHUTEL, Cairbar. **Conferências Radiofônicas**, O Clarim, Matão, SP, 3ª Ed., 1985.

SCHUTEL, Cairbar. **Parábolas e Ensinos de Jesus**, O Clarim, Matão, SP, 13ª Ed., 2000.

URQUIZA, Célia; **A missão do Brasil como Pátria do Evangelho**. João Pessoa, FEPB – Federação Espírita Paraibana, 2001.

WANTUIL, Zêus. **Grandes Espíritas do Brasil**. Rio de Janeiro: FEB, 1990

Xavier, Francisco Cândido. Espíritos diversos. **Parnaso de Além-Túmulo**. FEB – Federação Espírita Brasileira, Rio de Janeiro,

XAVIER, Francisco Cândido (pelo Espírito Humberto de Campos); **Brasil, Coração do mundo, pátria do Evangelho**. Rio de Janeiro, Editora FEB – Federação Espírita Brasileira, 1938.

XAVIER, Francisco Cândido. (Espíritos diversos). **Parnaso de Além-Túmulo**. Rio de Janeiro: Federação Espírita Brasileira, 1935.

MEMORIAL CAIRBAR SCHUTEL

A transformação da antiga residência em Memorial Cairbar Schutel foi um projeto concebido, desenvolvido e mantido pela Casa Editora O Clarim, e que envolveu várias etapas de curadoria, pesquisa, higienização do acervo e concepção do espaço da época. O acervo contém livros, material farmacêutico (frascos de remédio e instrumentos farmacêuticos), objetos de uso pessoal, mobiliário com peças originais, fotografias, correspondências, cadernos de anotações, cadernos de atas, documentos oficiais do jornal *O Clarim* e da *RIE – Revista Internacional do Espiritismo*.

O espaço é composto por salas temáticas que expõem, em cada ambiente, a produção intelectual de Cairbar Schutel, sua atuação social, sua profissão, sua relação com a Doutrina Espírita, bem como toda a sua trajetória de vida.

O Memorial Cairbar Schutel está aberto à visitação pública mediante agendamento prévio pelo telefone (16) 3382-1066, em horário comercial, ou pelo *e-mail*: memorial@oclarim.com.br.

ideeditora.com.br

✳

Acesse e cadastre-se para receber
informações sobre nossos lançamentos.

INSTITUTO	🌐 IDEEDITORA.COM.BR
DE DIFUSÃO	📘 IDEEDITORA
ESPÍRITA	🐦 @IDEEDITORA

ide

IDE EDITORA É APENAS UM NOME FANTASIA UTILIZADO PELO INSTITUTO
DE DIFUSÃO ESPÍRITA, ENTIDADE SEM FINS LUCRATIVOS, QUE PROMOVE
EXTENSO PROGRAMA DE ASSISTÊNCIA SOCIAL, E QUE DETÉM OS DIREITOS
AUTORAIS DESTA OBRA.